viagem gastronômica à
frança

Odile Grand-Clément e Paulo Farkas Bitelman

viagem gastronômica à
frança

um passeio pelo país
mais apetitoso do mundo

Copyright © 2014 Odile Grand-Clément e Paulo Farkas Bitelman
Copyright desta edição © 2014 Alaúde Editorial Ltda.

Todos os direitos reservados. Nenhuma parte desta edição pode ser utilizada ou reproduzida – em qualquer meio ou forma, seja mecânico ou eletrônico –, nem apropriada ou estocada em sistema de banco de dados sem a expressa autorização da editora.

O texto deste livro foi fixado conforme o acordo ortográfico vigente no Brasil desde 1º de janeiro de 2009.

Tradução dos textos em francês e inglês: Eric Heneault

Consultoria de pães: Paola Biselli

Consultoria de vinhos: Igor Maia

Preparação: Fátima Couto

Revisão: Bárbara Prince, Claudia Vilas Gomes

Capa e projeto gráfico: Rodrigo Frazão

Imagens de capa e miolo: Paulo Farkas Bitelman (exceto p. 10, 106, 140, 278 © Shutterstock.com / Vadim Petrakov; p. 166, 176, 184, 194, 206, 216, 224, 232, 242, 252, 262, 268© Shutterstock.com / Rainer Lesniewski; p. 177, 182-183, 188, 229, 250-251, 253, 255, 258 © Atout France/PHOVOIR)

Impressão e acabamento: EGB – Editora Gráfica Bernardi Ltda.

1ª edição, 2014

CIP-Brasil. Catalogação na publicação
Sindicato Nacional dos Editores de Livros, RJ

G779v

Grand-Clément, Odile
Viagem gastronômica à França : um passeio pelo país mais apetitoso do mundo / Odile Grand-Clément, Paulo Farkas Bitelman. - 1. ed. - São Paulo: Alaúde, 2014.

288 p. : il. ; 23 cm.

ISBN 978-85-7881-198-3

1. Culinária francesa 2. Culinária - Receitas. I. Bitelman, Paulo Farkas. II. Título.

14-11731

CDD: 641.5944

CDU: 641.568(44)

2014
Alaúde Editorial Ltda.
Rua Hildebrando Thomaz de Carvalho, 60
São Paulo, SP, 04012-120
Tel.: (11) 5572-9474
www.alaude.com.br

sumário

7   **Uma breve história da culinária francesa**
Desde a antiga Gália até os dias atuais, a evolução da cozinha francesa e a atuação dos grandes chefs de ontem e hoje

9   **Um encontro fortuito entre o Brasil e a França**, *por Odile Grand-Clément*

104   **Pães, vinhos e queijos: os três pilares da cozinha francesa**
Os principais pães, os vinhos mais famosos e os queijos mais saborosos de todas as regiões da França

139   **Está na mesa: entre pratos, copos e talheres**
Curiosidades, dicas de etiqueta e um guia prático para os restaurantes franceses

159   **Pé na estrada: anotações da viagem**
As cidades visitadas, os pratos degustados e a indicação dos melhores lugares aonde ir

161   **Idas e vindas**, *por Paulo Farkas Bitelman*
164   Alsácia
174   Aquitânia
182   Auvergne
192   Borgonha
205   Bretanha
215   Champagne
223   Córsega
230   Gasconha
241   Normandia
250   Provença e Riviera Francesa
260   Vale do Loire
267   Vale do Ródano

276   **Restaurantes em Paris**
Os endereços certos para comer bem

uma breve história da
culinária francesa

Um encontro fortuito entre o Brasil e a França,

por Odile Grand-Clément

— Eu vim para a França para fazer uma imersão no mundo da gastronomia, começando com um curso de cozinha no Ritz.
— Um curso de cozinha? Você trabalha em um restaurante?
— Não, mas sou louco pela cozinha francesa.
— Que engraçado... Estou justamente escrevendo um livro sobre a história da gastronomia na França.

Foi assim, sob o céu cinza parisiense, próximo à Praça da Bastilha, que Paulo e eu descobrimos nosso interesse em comum pela cozinha francesa – eu por degustá-la, já que adoro experimentar aquilo que outros preparam (sou um zero à esquerda na cozinha), ele por querer descobrir todos os seus segredos, desvendar as regiões gastronômicas da França, sempre à procura de bons restaurantes. Paulo queria aperfeiçoar seu francês, então trabalhamos juntos por várias semanas e aos poucos, ao longo de nossas conversas, a ideia de escrevermos um livro juntos se concretizou.

Através de minhas pesquisas sobre a gastronomia, revisitei a história do meu país e descobri personagens surpreendentes, grandes chefs criativos, verdadeiros artistas apaixonados pelo que fazem.

É preciso ressaltar que a gastronomia ocupa um espaço essencial na cultura francesa. Faz parte da *art de vivre* à qual os franceses são profundamente ligados. Certamente na França, graças à variedade de climas, existe uma diversidade de produtos agrícolas de qualidade que dá origem a uma cozinha rica, criativa e constantemente renovada, mas não se pode esquecer que a História também tem um papel muito importante, como descobriremos no livro, que agora os convido a ler.

Gourmand, gourmet ou gastrônomo? Certamente você se encaixa em uma das três categorias já que está com este livro na mão e provavelmente se interessa pela culinária francesa. Na França, ser gourmand (gourmande para as mulheres) hoje é visto como uma qualidade, significa apreciar a boa cozinha. Mas nem sempre foi assim.

No Concílio de Latrão, em 1215, a Igreja Católica classificou oficialmente a gula como um dos sete pecados capitais. Sendo o homem composto de corpo e alma, era necessário domar os instintos do corpo para que a alma se elevasse em direção a Deus. Daí os inúmeros dias de jejum impostos pela Igreja durante séculos. Para a Igreja Católica, a gula era um pecado capital. Até o século XIX, o gourmand era considerado um glutão, alguém que, como um ogro, comia com avidez e excesso, devorando enormes quantidades de alimentos para encher seu estômago nunca saciado.

Séculos (e uma revolução) foram necessários para que a palavra perdesse sua conotação negativa e se aproximasse da definição de gourmet. O gourmet é alguém que educou seu gosto, que é capaz de escolher os pratos com discernimento. Aprofundando-se um pouco mais no conhecimento, surge o gastrônomo, alguém que, além de ser gourmet, tem conhecimentos científicos sobre tudo o que diz respeito ao gosto e que sabe receber seus convidados para uma boa refeição.

Como passamos de gourmand a gastrônomo? É o que vamos descobrir nesta viagem por meio da história da França. Uma viagem que nos levará até as fastuosas cortes dos reis da França, as cozinhas de chefs extremamente criativos e os campos avassalados pela fome nas épocas de más colheitas ou de guerras. Essa viagem vai passar pelo Renascimento com a descoberta de novas frutas e legumes, para nos trazer às mesas dos restaurantes do século XIX, onde os gourmets se reuniam para dissertar com sabedoria sobre sutis sabores e delicadas iguarias – o nascimento da gastronomia. Então, chegaremos aos séculos XX e XXI, quando veremos brotar o entusiasmo pela Nouvelle Cuisine e as ambiciosas pesquisas de grandes cozinheiros que se tornaram estrelas. Assim, entenderemos como a gastronomia francesa se tornou o orgulho de todo um povo e uma arte de viver... de saber conviver bem.

A Gália e a invasão romana

Antes que a França se tornasse a França, a região era chamada *La Gaule*, a Gália, nome dado pelos romanos. Era um território quase equivalente ao da França, de Luxemburgo e da Bélgica atuais, além de parte da Suíça, da Holanda e da Alemanha, povoado por um conjunto de tribos chamadas de gaulois, os gauleses, cujos hábitos foram mais ou menos fielmente representados nas histórias em quadrinhos de Asterix.

Os gauleses comiam com os dedos, e o prato mais comum era carne cozida ou grelhada, não somente a proveniente das caças – apenas ocasionalmente de javali – como também carne de vaca, cabra, carneiro, ganso, cavalo, cachorro e, acima de tudo, dos porcos que criavam. Eram peritos no preparo do presunto e de todo tipo de *charcuterie*, os embutidos.

Cozinhavam cereais para engrossar sopas e fazer panquecas. Os principais legumes eram as favas e também ervilhas, lentilhas, nabos, couve, salsão, cenouras silvestres e muita cebola. A maçã era a fruta mais comum. Já naquela época, os gauleses comiam caracóis. Usavam alho, que fora introduzido pelos gregos em Marselha, e o cominho. O mel servia para adoçar.

Em 58 a.C., quando o exército de Júlio César invadiu a Gália, os romanos já haviam conquistado a região mediterrânea. Apesar de sua resistência, os gauleses foram derrotados em 52 a.C. e seu chefe, Vercingetorix, foi feito prisioneiro, levado a Roma e morto. Os romanos ocuparam o país durante mais de quatro séculos, impondo sua cultura. Contudo, os gauleses demoraram muito tempo antes de mudar os hábitos alimentares.

Estrabão, um geógrafo grego que viveu entre 58 a.C e o ano 21, certa vez relatou que os gauleses dormiam no chão e comiam sentados na palha. Segundo o estudioso, eles tomavam leite e comiam vários tipos de carnes frescas ou salgadas, especialmente de porco. Naquela época, os porcos eram criados ao ar livre e cresciam tanto e eram tão vigorosos e rápidos que eram até perigosos. A grande quantidade de animais domésticos, acima de tudo carneiros e porcos, que os gauleses criavam explicaria o fato de fornecerem produtos salgados não somente para Roma como também para a maior parte dos outros mercados da Itália.

Os gauleses gostavam de comer muito e, frequentemente durante os banquetes, havia exibições de luta livre. Os peixes e os frutos do mar foram introduzidos pelos romanos, que também plantaram vinhedos. Embora a *cervoise*, uma cerveja feita com cevada, típica bebida gaulesa, não tenha desaparecido com a chegada dos romanos, os gauleses começaram a apreciar os vinhos importados da Grécia ou da Itália e iniciaram sua própria produção de safras de vinho tinto e branco em Béziers, na região de Bordeaux e na Borgonha. Com a romanização da Gália, os modos à mesa se tornaram mais sofisticados.

A ÉPOCA MEDIEVAL

Após a *Pax romana*, um longo período de paz entre os séculos I e II, a Gália foi exposta a invasões de tribos germânicas chamadas de francos. A palavra "franco" quer dizer "livre", porque, depois da conquista da Gália, apenas os francos eram homens livres e isentos de impostos. No século III, o Império das Gálias rompeu com Roma. Depois da vitória dos francos na batalha de Soissons em 486, a Gália (exceto a Setimania, atual região do Languedoc-Roussillon) ficou sob o domínio da primeira dinastia de reis francos, os merovíngios.

Clóvis, coroado em 509, passou para a história como o primeiro rei franco. Ele comia bastante, porém não era exatamente um gourmet: gostava de carne de porco a tal ponto que seu médico bizantino tentou restringir o consumo excessivo de bacon, bem como de ovos cozidos e queijos, alimentos com os quais ele costumava se fartar. Os francos mantiveram o hábito galo-romano de comer frutas no começo da refeição – algo hoje ainda recomendado por alguns dietéticos. Então, serviam-se legumes, besuntados de mel, seguidos por carne com molho espesso, ervilhas, favas ou lentilhas, em geral temperados com cebola e alho.

Foi nessa época que a palavra "sopa" apareceu pela primeira vez, em um livro escrito pelo historiador Gregório de Tours chamado *Historia Francorum*. Consistia em um caldo de frango e ervilhas servido em tigelas, no fundo das quais dispunha-se uma fatia de pão sobre a qual era derramado o líquido fervente. O pão também era servido junto com o vinho: costumava-se colocar uma fatia no fundo dos cálices antes de enchê-los com a bebida e passá-los de convidado em convidado. Quando todos já haviam bebido, às vezes o pão era distribuído entre os pobres, mas o mais comum era que o último a receber o cálice comesse a fatia de pão, chamada, em francês arcaico, de "*toste*". Séculos mais tarde, a palavra modificou-se para "*toast*" por causa da influência inglesa e surgiu a expressão francesa "*porter un toast*", ou seja, brindar.

Com os bárbaros germânicos, o azeite de oliva e a gordura de ganso usados no preparo dos alimentos foram substituídos pela manteiga. As carnes eram servidas assadas ou cozidas com muita cebola e muito alho. Eram principalmente carnes silvestres oriundas da caça, mas também aves, porcos, asnos e cavalos. Os germânicos gostavam de favas, ervilhas, lentilhas e amavam a couve, porém a alimentação diária básica era feita de mingau de aveia bem rústico.

Após as invasões germânicas, foi a vez das invasões mouras. Em 732, Carlos Martelo deteve os árabes em Poitiers, impedindo-os de chegar a Paris, mas alguns permaneceram no Quercy, no centro da França, tempo suficiente para introduzir o açafrão, as tripas de carneiro e o pistache. Nessa região, descobriram o trigo duro usado por alguns camponeses no preparo de um prato à base de carneiro e caldo quente. Seria essa a origem do *couscous*, que mais tarde se tornaria um prato tradicional árabe? Alguns pensam que sim. De qualquer modo, é divertido pensar que o prato pode ter tido origem francesa e mais tarde ter voltado à França durante a colonização da Argélia. Os árabes também trouxeram outras contribuições como a confeitaria e a pastelaria, oriundas da Pérsia, hoje Irã.

Em 800, Carlos Magno foi coroado imperador. Apesar da grande barba branca, não era o ogro que parecia ser: comia pouca carne, essencialmente animais silvestres de suas caças, e era obcecado por verduras, legumes e ervas. Com ele, voltou certa etiqueta. Ele comia sentado numa cadeira mais alta do que as dos convidados, e cada prato era anunciado com toques de oboé e flauta. Entre os pratos, os convidados se divertiam com contadores de histórias, trovadores e domadores de animais enquanto a mesa era preparada para o próximo prato; essas atrações eram chamadas "entremets". O imperador tentou melhorar a vida de seus súditos, incentivando uma melhor exploração da terra. Para reduzir os perigos do armazenamento de alimentos, decidiu proibir qualquer exportação de trigo e estabeleceu um preço para os cereais de maneira que o povo pudesse comprá-los. Também pediu aos seus súditos que obedecessem à regra da hospitalidade, isto é, oferecer comida e hospedagem aos viajantes e mendigos durante pelo menos uma noite.

Sob o comando de reis como Hugo Capeto, Luís IX (São Luís), Filipe, o Belo, e Carlos, o Belo, os banquetes da Idade Média tornaram-se cada vez mais requintados com rituais de corte, mas, durante mais de cinco séculos, não houve grandes mudanças na cozinha em si. Naquela época, os médicos atribuíam virtudes a diferentes tipos de alimentos: quente, frio, seco ou molhado. Assim, a recomendação era ferver a carne de vaca, considerada um alimento frio que podia provocar depressão, enquanto o porco geralmente era grelhado.

Os jantares podiam durar horas, durante as quais eram oferecidas quatro, cinco e até seis combinações diferentes de pratos, chamadas de "serviços". Em cada serviço, serviam-se de dez a quinze pratos. Eram verdadeiros espetáculos com músicos e malabaristas, de acordo com a linhagem dos convidados e a riqueza do anfitrião. A apresentação dos pratos era magnífica e exuberante. Os cozinheiros usavam corantes naturais: salsa, espinafre e louro para o verde, morangos ou cerejas para o vermelho, gemas e açafrão para o amarelo. Às vezes, esse requinte era levado a tal ponto que folhas de ouro ou de prata eram pinceladas sobre a comida; animais inteiros eram reconstituídos e, no caso de aves como cisnes e pavões, até as próprias penas era usadas.

Os jantares seguiam uma ordem precisa: primeiro vinham as sopas e os caldos, então os peixes, as carnes, alguns entremets e por fim as sobremesas e frutas. Costumava-se comer bastante peixe, mas o porco prevalecia como a carne predileta; o boi prestava-se para lavrar a terra e não era criado por sua carne. Na alta sociedade, a carne de vitela era preferida à carne de vaca. Era proibido comer carne de cavalo, reputada como a carne do diabo. Caracóis e roedores não eram considerados carne. A carne de veado e a de animais silvestres eram reservadas à nobreza, da mesma forma que os peixes, já que os rios pertenciam ao domínio real. Quanto mais selvagem era um animal, mais nobre ele parecia ser.

No entanto, grande parte da população se alimentava com mingaus feitos de centeio, cevada, aveia, trigo partido, pães e legumes da horta. O trigo era reservado às pessoas mais ricas. Havia uma hierarquia nos legumes, segundo a qual os que cresciam na terra eram vistos como menos nobres. Da mesma forma, as frutas que cresciam em árvores eram para a aristocracia. Em Paris, mercadores com cestas ("marchands aux paniers") vendiam legumes nas ruas: favas, cenouras, ervilhas, nabos, lentilhas, saladas, mandioquinha, beterraba, três variedades diferentes de couve, cebolas e aspargos. Na mesma época, o ruibarbo apareceu na França. A cerveja e a cidra eram para as classes mais baixas, e o vinho era reservado à nobreza... ou aos monges!

Durante a Idade Média, a comida, que frequentemente os monges recebiam como imposto dos camponeses, abundava nos mosteiros e nas abadias. Algumas ordens religiosas costumavam cultivar suas próprias terras e fabricavam queijo com o leite dado pelos camponeses. Assim, a imagem do monge bem nutrido e com barriga redonda não é lenda. Por exemplo, no século X, na abadia de Saint-Germain-des-Prés, em Paris, a quantidade diária de alimentos era quase inimaginável: 2 quilos de pão, 300 gramas de legumes secos (favas ou ervilhas), 110 gramas de queijo, 3 litros de vinho ou de cerveja por pessoa! Na abadia de Saint--Denis, durante as celebrações religiosas, os monges também comiam frango, porco e ovos e sempre convidavam os pobres à mesa porque, assim como nas casas nobres, a caridade era um dever cristão.

Salada de carpaccio, Hôtel La Chaumière, Honfleur, Normandia

Bobun de carne, Le Petit Cambodge, Paris

Taillevent,
o primeiro chef estrela

No século XIV, o rei Carlos V pediu ao famoso chef Taillevent que escrevesse sobre as diversas maneiras de preparar comidas, o que resultou no ensaio intitulado *Le viandier*. Na Idade Média, a palavra "viande", oriunda da palavra latina "vivenda", queria dizer "o que lhe permite viver", isto é, qualquer alimento e não somente a "carne" como hoje.

Taillevent era o apelido de Guillaume Tirel, nascido por volta de 1310-1314 na Normandia, por causa de seu proeminente nariz, em uma provável corruptela da expressão *"taille vent"*, isto é, "corta o vento". Seu nome aparece pela primeira vez num documento datado de 1326 como "aprendiz de cozinha" a serviço de Joana de Évreux, esposa de Carlos, o Belo. Vinte anos depois, Taillevent tornou-se *maître queux* (chef cozinheiro) do rei Filipe VI. *"Queux"* (originalmente *"cous"* em 1080) vem do verbo latim *"coquere"*, cozinhar. A expressão *"maître queux"* foi usada para designar os cozinheiros da Corte até a Revolução Francesa.

Mais tarde, Taillevent se tornou primeiro cozinheiro do rei Carlos V e depois serviu o rei Carlos VI, que deu a ele *status* de nobreza e o direito de carregar uma espada, recompensando-o com inúmeros presentes, entre os quais o priorado de Notre-Dame d'Hennemont, onde o cozinheiro morreu em 1395. Sua fama era imensa e o escritor François Villon o mencionou em uma poesia. Não obstante, durante a Revolução Francesa, seu túmulo foi profanado e o priorado e a terra, vendidos como bens públicos.

O *Le viandier* contém 144 receitas e é considerado o primeiro livro importante a tratar de cozinha. Houve várias versões manuscritas de *Le viandier* antes de sua primeira impressão no final do século XV. Na edição publicada em 1892, o barão Jérôme-Frédéric Pichon diz que a primeira impressão que o leitor tem ao abrir *Le viandier* é de surpresa, quando vê todos os pratos temperados com tanta variedade de especiarias e ervas aromáticas. Tamanha complexidade no tempero tão oposta à simplicidade primitiva do Homem só pode surpreender o leitor.

A palavra *"épices"*, oriunda do latim *"species"*, foi cunhada para designar as especiarias que apareceram na França em 1150 e se referia a qualquer tipo de produto, desde ervas aromáticas até plantas medicinais. Na época do Império Romano, a pimenta-do-reino, que vinha da Índia, era um luxo muito apreciado. Depois, durante as Cruzadas, de 1095 a 1270, os combatentes trouxeram do Oriente Médio grandes quantidades de novas especiarias e produtos exóticos como echalote, melão, ameixas e tâmaras, assim como uma variedade de laranja. O rei Luís IX, durante sua primeira cruzada (1248-1254), ficou fascinado pelos novos legumes e as ervas que poderia trazer à França, porém morreu prematuramente de peste após sua segunda cruzada, em 1270, antes de ter a chance de introduzir esses novos alimentos em seu reino.

As especiarias tinham duplo papel: primeiro, uma função médica, porque ajudavam a digestão e eram bons antissépticos. Assim, as profissões de "épicier" (pessoa que fazia o comércio das especiarias) e "apothicaire" (farmacêutico) por muito tempo não ficaram claramente definidas, o que gerou querelas. As especiarias também serviam de distintivo social entre os poucos que podiam se dar a esse luxo e as pessoas comuns. Eram reservadas à realeza e ao clero. Quem quisesse falar de algo extremamente caro costumava dizer "tão caro quanto a pimenta-do-reino". As pessoas costumavam pagar os juízes com especiarias. A remuneração dos magistrados da Corte de Justiça de Paris era tão baixa que, em 1402, o parlamento de Paris decidiu que as especiarias dadas aos juízes deviam ser oficialmente pagas pela parte condenada.

Le viandier é diferente de nossos livros de cozinha modernos na medida em que não dá as proporções, as medidas e o tempo de cozimento. Trata-se mais de um *aide-mémoire* para cozinheiros já experientes. O livro, porém, dá muitas indicações sobre cores, já que a apresentação da comida era bastante importante naquela época. Destinava-se a famílias ricas e aristocráticas e constitui até hoje uma fonte documental de maior importância sobre a culinária da França no século XIV: muito rica, abundante, temperada, mas não gordurosa como se poderia pensar, com gosto pelo acre ou o agridoce, uso de grande variedade de carnes (porco, carneiro, coelho, capão, javali), mas também de aves, desde as menores até cisnes e cegonhas.

Naquela época, a Igreja impôs que as pessoas se abstivessem de comer carne durante certo período ano. Eram *les jours maigres*, a Quaresma, que começava no meio da sétima semana antes da Páscoa, a grande celebração cristã da ressurreição de Cristo. A esses quarenta dias, acrescentaram-se todas as sextas-feiras e outros dias, tais como o começo de cada estação, uma semana antes do Natal e a véspera de celebrações religiosas, somando um total de 100 a 120 dias por ano. O propósito tradicional da Quaresma era se arrepender dos pecados, por meio da prece e da penitência, e purificar a alma. O peixe, animal de sangue frio, supostamente não levava à luxúria. No *Le viandier*, há receitas para os dias da Quaresma assim como para pessoas doentes. Mas o vinho não entrava na restrição, já que fazia parte do banquete e da composição de alguns caldos de carne e molhos.

Naquele tempo, havia quatro modos de preparar a carne: grelhada, *pochée* (cozida em água), frita ou refogada. Os cozinheiros costumavam ferver a carne antes de assá-la. Como não havia refrigeração, era necessário evitar a proliferação de germes e a perda do gosto.

O livro de Taillevent foi sucesso de vendas e por muito tempo após sua morte as pessoas achavam que ele ainda estava vivo. Um dos mais prestigiosos restaurantes de Paris, o Le Taillevent (www.taillevent.com), inaugurado em 1946, foi batizado com o nome desse grande cozinheiro que nos deixou um testemunho da arte de cozinhar no século XIV.

Ostras ao vinagrete, Moulin St. Georges, Honfleur, Normandia

Brandade de bacalhau, Le Galion, Étretat, Normandia

O Renascimento

O Renascimento foi um período de grandes mudanças nos campos artístico e científico e fez a cozinha dar uma grande virada. Cobriu o reinado de quatro monarcas: Francisco I, Henrique II, Carlos IX e Henrique III; deixaremos de fora Francisco II, que morreu muito jovem. Foi uma época de transição, com número decrescente de pratos e maior sofisticação nos costumes da mesa, com a introdução do garfo, da louça e da mesa fixa.Outra importante inovação da época, vinda da Itália, foi o *potager*, precursor do fogão. Até então, a cocção era feita diretamente na lareira, seja debaixo das cinzas, numa marmita pendurada acima do fogo ou ainda com espeto de assar.

O princípio do *potager* era simples: as marmitas eram postas em buracos redondos cavados numa pedra achatada abaixo da qual brasas eram espalhadas. Possibilitava preparar sopas ("*potage*" quer dizer "sopa" em francês), carnes em molhos ou outros pratos que, todos juntos, cozinhavam lentamente, ou ainda esquentar os pratos. Também permitia que se cozinhasse de pé. A cozinha, que antes fazia parte do cômodo principal, tornou-se um espaço separado – às vezes, abaixo da sala de jantar ou separada por um pátio – para evitar os cheiros e os barulhos vindos de lá.

A mesa da Corte tornou-se ricamente enfeitada: no centro, uma peça de prata ou ouro em formato de barco (*un vaisseau*, navio), contendo os talheres e as especiarias do rei. Às vezes, uma fonte de mesa oferecia aos convidados água de rosas como lavanda para molhar a ponta dos dedos. Ao lado da mesa ficava um móvel chamado *dressoir*, um aparador com várias prateleiras, coberto de pano branco para expor outras pratarias preciosas e ostentar a riqueza do anfitrião.

Muitos novos legumes apareceram no século XVI: feijão, alcachofra, aspargo, ervilha fresca, couve-flor e saladas de todos os tipos. A esses devem ser acrescidos dois importantes legumes trazidos das descobertas do Novo Mundo: o tomate e a batata, vindos do Peru. Contudo, dois séculos foram necessários à introdução da "maçã dourada" (o tomate) junto aos parisienses.

O crème brûlée

Embora haja controvérsias sobre sua origem, é certo que o *crème brûlée* já existia no século XVII, porque a receita aparece no livro de culinária publicado por François Massialot em 1691, *Le cuisinier royal et bourgeois*. Mais tarde, na edição de 1731, o nome da sobremesa foi modificado para *crème anglaise*. A legenda do livro explica que Massialot preparou o creme para o irmão do rei Luís XVI e duque de Orleans, Filipe, que adorava cozinhar. O serviço, porém, demorou tanto que o creme esfriou, desagradando o duque, que não quis comer o doce. Massaliot teria tido a ideia de colocar uma chapa de ferro em brasa sobre a tigela com o doce, para esquentá-lo. Como resultado, o creme ficou queimado (*brûlée*) na superfície, ou seja, caramelizado. A realeza achou delicioso... assim como nós hoje! Se você quiser tentar em casa, aqui está uma receita simples:

Ingredientes
5 gemas
⅓ de xícara (chá) de açúcar
350 ml de creme de leite fresco
100 ml de leite integral
1½ colher (chá) de essência de baunilha
açúcar para caramelizar

Preparo
Preaqueça o forno a 160 °C. Coloque as gemas e o açúcar na batedeira e bata em velocidade alta até obter um creme bem claro. Acrescente o creme de leite, o leite e a baunilha. Misture bem com um batedor de arame (*fouet*) e deixe descansar por 10 minutos. Retire a espuma que se formou na superfície e distribua o creme entre seis forminhas refratárias. Asse em banho-maria por 40 minutos e depois deixe na geladeira por no mínimo 6 horas.

Antes de servir, polvilhe açúcar sobre toda a superfície. Para formar a casquinha, encoste as costas de uma colher quente na superfície do creme, fazendo movimentos circulares, ou use um maçarico culinário.

Era cultivado apenas no sul da França. Quanto à batata, à primeira vista não foi apreciada e servia para alimentar os animais. Bem mais tarde, Antoine Augustin Parmentier, que a apresentou à Corte de Luís XVI em 1786, encontrou muita dificuldade em convencer os franceses a experimentá-la.

O milho, "o trigo americano" como era chamado, foi introduzido em 1560, seguido mais tarde pela tapioca, a mandioca, o vinho quinado, o cacau e o tabaco. O café e o chocolate eram vistos como curiosidades pelos franceses. O peru, trazido do México, era apreciado. No que diz respeito às frutas, seu consumo aumentou notavelmente na mesa dos mais ricos, graças a novos tipos de melões trazidos pelos cruzados e adotados pela Itália bem antes da França, preciosos e raros; às ameixas e peras, e também ao grande interesse por frutas cítricas. As frutas frescas tinham um valor social: eram para os ricos. As frutas secas, como as nozes, eram para os pobres.

Na Idade Média, a produção de laticínios em grande parte era consumida pelos pobres, exceto no caso do queijo brie, que era apreciado na Corte desde o século XIII e manteve sua fama durante séculos. No Renascimento, o queijo conquistou seu lugar à mesa dos nobres. O interesse por textos da Antiguidade, que valorizavam a natureza e os produtos da fazenda, assim como o desenvolvimento das fazendas leiteiras e a importação de queijo da Itália, podem ter provocado essa mudança.

A outra mudança notável durante o Renascimento foi o uso cada vez mais frequente do açúcar para cozinhar, no lugar do mel. Até então, o ingrediente servira à medicina e era usado com parcimônia por ser escasso e ter preço alto. O primeiro livro sobre o açúcar é italiano e foi publicado em Veneza em 1541. Na França, *L'excellent et moult utile opuscule* (1555) foi escrito pelo alquimista e astrólogo Michel de Nostredame, mais conhecido como Nostradamus. No século XVI, o consumo de especiarias diminuiu se comparado ao do século anterior.

A influência da Itália durante este período foi real embora, às vezes, superestimada. Segundo os historiadores, o mito de Catarina de Médici, chegando à corte francesa com seus cozi-

A galette des rois

A *galette des rois* é considerada o bolo mais antigo, tendo surgido na Idade da Pedra. Os primeiros bolos eram preparados com cereais e assados em pedras escaldantes. Os romanos já preparavam *galettes* para, em janeiro, homenagear o deus Jano, símbolo do novo ano. Mais tarde, as *galettes* passaram a ser preparadas com aveia, trigo e centeio.

Tradicionalmente, dentro da sobremesa está oculta uma pequena imagem feita de porcelana ou plástico, chamada *la fève* (a fava). As primeiras *fèves* surgiram para simbolizar a expectativa de nascimento de um filho homem. Os cristãos passaram a usar imagens do Menino Jesus. Hoje, os temas dessas imagens são variados, desde as religiosas até de animais e personagens de Walt Disney. As imagens se tornaram mesmo objetos de coleção.

Em geral, a *galette* tem a aparência de um bolo achatado feito com um tipo especial de *pâte feuilletée* (massa folhada) recheada com *frangipane*, um creme de amêndoas. No sul da França, trata-se de um brioche em forma de coroa com cobertura de frutas cristalizadas.

Os franceses costumam comer essa sobremesa no dia 6 de janeiro, o Dia de Reis, para celebrar a festa cristã da Epifania, a visita dos Reis Magos ao Menino Jesus.

Na hora de servir, a sobremesa é cortada em fatias. Pede-se então ao mais jovem membro da família que se esconda sob a mesa. Às cegas, ele vai atribuir uma fatia a cada pessoa. Quem encontrar *la fève* em sua fatia de bolo é proclamado rei ou rainha e pode escolher seu parceiro real, além de usar uma coroa feita de cartolina dourada ou prateada. Com isso, toda vez que a pessoa brindar, todos deverão exclamar "o rei está bebendo!" ou "a rainha está bebendo!".

Sob o reinado de Luís XIV, no século XVII, por ocasião da Epifania organizava-se uma grande festa no Castelo de Marly, cuja etiqueta era menos drástica do que em Versalhes. O rei ficava mais à vontade e chegava a tamborilar sobre o prato com o garfo ou a colher, sendo imediatamente imitado pelos convidados. Era o sinal para convidar o rei ou a rainha do dia a brindar.

Hoje, a tradição continua bem viva e é celebrada durante todo o mês de janeiro, não só no núcleo familiar, mas também nas empresas. Tornou-se até mesmo tema de um evento tradicional organizado no palácio presidencial da França, o Palais de l'Elysée, na presença do presidente da República.

nheiros italianos – como o famoso conde Cesare Frangipani que supostamente teria inventado o creme frangipane –, é invenção do século XIX. Certamente, a Itália teve papel importante, mas não foi o único fator de mudança na cozinha do Renascimento, algo que aconteceu lentamente, no decorrer do século XVI. A influência da corte da Borgonha ou da Espanha, por exemplo, ainda precisa ser estudada.

Em resumo, o Renascimento mostrou uma progressiva evolução rumo à sofisticação na arte da mesa, um gosto por legumes e frutas e a multiplicação de novos ingredientes à disposição dos cozinheiros que ainda precisavam explorar as novas possibilidades que a eles se ofereciam. A cozinha apareceu na literatura sob a pena de escritores como Rabelais, Montaigne e Ronsard.

HENRIQUE IV E A POULE AU POT

O reinado de Henrique IV, conhecido como "o bom rei", entre 1589 e 1610, viu o fim das Guerras Religiosas, o restabelecimento da autoridade real, a modernização da França com a construção de novas estradas e canais e a integração de quatro regiões importantes com ricas tradições culinárias: Bresse, Bugey, Valromey e o país de Gex, a leste da França, perto da fronteira com a Suíça. Mas, para todos os franceses, o nome de Henrique IV evoca a *poule au pot* (literalmente "a galinha no pote") por conta de uma declaração do rei: "Se Deus me der vida longa o suficiente, farei com que nenhum lavrador no meu reino fique sem cozido de galinha aos domingos".

De fato, Henrique IV era mais amante das mulheres do que de comida, mas estava muito interessado na agricultura como meio de desenvolvimento do país. Seguindo o aviso de um dos seus conselheiros, ele chamou um cavalheiro de Vivarais, Olivier de Serres, perito em agronomia, até Paris, da mesma maneira que Carlos VI fizera dois séculos antes com Taillevent. Pediu-lhe que escrevesse um livro para ajudar a popularizar seu conhecimento. Em 1600, *Traité d'agriculture et mesnages des champs* [Tratado sobre agricultura e cultivo dos campos] foi publicado. Dezenove edições foram impressas em cerca de setenta anos! A meta de Olivier de Serres era "persuadir qualquer bom pai a querer ficar em sua terra". Entre os assuntos do livro, estão cereais, vinhedos, criação de galinhas, bicho-da-seda, jardins, pomares e casas em geral.

Sob o reinado de Henrique IV, e depois de Luís XIII (que foi o primeiro rei da França conhecido por gostar de cozinhar), a classe média cresceu e o povo apreciou cada vez mais a riqueza das especialidades locais. Um médico chamado La Bruyère Champier escreveu que as pessoas da Borgonha eram os melhores gourmets da França. Seu lema era *"mieux vaut bon repas que bel habit"*: é melhor ter uma boa refeição do que roupas bonitas.

Crepe de queijo, presunto e ovo,
Creperie La Caraque, Saint Malo, Bretanha

Moules et frites,
praia de Arromanches, Normandia

La Varenne,
um chef revolucionário

A Borgonha é a terra natal do autor do texto fundador da cozinha francesa moderna, François Pierre de la Varenne. O título inteiro é bastante pomposo: *Cuisinier français enseignant la manière de bien apprêter et assaisonner toutes sortes de viandes grasses et maigres, pâtisseries et autres mets servis tant à table des grands que des particuliers* [Cozinheiro francês ensinando a maneira de aprontar e temperar adequadamente vários tipos de carnes gordas e magras, doces e outras iguarias servidas tanto à mesa dos grandes quanto dos particulares]. O livro ficou conhecido simplesmente como *Le cuisinier français* [O cozinheiro francês] e foi o primeiro livro francês sobre culinária, traduzido até para o inglês na época. Além desse livro, um texto sobre confitures (naquela época, "confitures" não se limitava às geleias, marmeladas ou gelatinas, mas também incluía conservas, compotas e xaropes) escrito por La Varenne também foi publicado em 1650.

François Pierre de la Varenne começou como aprendiz a serviço da irmã do rei, então trabalhou como chef de cozinha para o marquês de Uxelles, que era governador real de Chalon-sur-Saône, e a quem ele dedicou suas publicações. Mais tarde, foi um dos chefs do Rei-Sol, Luís XIV, em Versalhes. La Varenne foi o primeiro a escrever sobre as inovações realizadas no século XVII, rompendo com a influência italiana e codificando o preparo dos alimentos de maneira sistemática. Seu livro era muito claro: as receitas eram agrupadas por tipo de prato: sopas, entradas, pratos para o segundo serviço, entremezes. Uma grande inovação era o cozimento de legumes, respeitando seu gosto. As receitas para os *temps maigres* (dias sem carne) e a Quaresma também eram classificadas e terminavam com as receitas para a Sexta-Feira Santa. Esse livro representa um marco na história da gastronomia francesa.

La Varenne introduziu o molho bechamel e a *bisque* (caldo de crustáceos) e mostrou como usar claras para filtrar caldos. A redução (evaporação de parte do molho ao fervê-lo) era uma nova técnica para dar consistência aos molhos e concentrar o sabor. Antes, a carne era simplesmente cozida em seu caldo. Agora, purê ou suco espesso de frutas (*coulis*) era acrescido para enriquecer o gosto.

Novos ingredientes surgem

Outros livros, de outros autores, seguiram o de La Varenne: entre 1650 e 1699, dezoito títulos foram publicados. Nicolas de Bonnefons, primeiro camareiro de Luís XIV, publicou *Le jardinier françois* (1651) e *Les délices de la campagne* (1654) e foi o primeiro a escrever um livro não exclusivamente destinado à aristocracia, mas também às donas de casa. Ele insistiu na maneira de cozinhar raízes como cenouras, beterrabas e nabos, que até então eram comidas apenas em sopa. *Le nouveau cuisinier*, de Pierre de Lune (1656), apresentava receitas de acordo com as quatro estações. Para temperar os pratos, ele criou o *paquet*: um pedaço de bacon, cebolinha, um pouco de tomilho, dois dentes de alho, cerefólio e salsa amarrados com barbante. Para os *jours maigres*, bastava não usar o bacon. Ele foi o primeiro a ter a ideia de fritar a farinha e umedecê-la com caldo para engrossar molhos.

Em *Art de bien traiter* (1674), o autor misterioso LSR (provavelmente um maître d'hôtel, mas os historiadores não sabem sua identidade exata) deu conselhos detalhados sobre a maneira de pôr a mesa de diferentes formas, assim como dicas sobre a apresentação dos pratos. Ele considerava, por exemplo, que pilhas de carnes por cima de sopas bem temperadas e molhos espessos não eram mais algo adequado ao gosto moderno. Preferia a escolha de carnes selecionadas, devidamente temperadas e servidas separadamente.

A abordagem original de François Massialot consistiu em apresentar cardápios completos em seu *Cuisinier royal et bourgeois* (1691). Ele sugeriu pratos de acordo com as estações e apresentou refeições que haviam sido servidas em mesas importantes. Isso prova que a classe média, os burgueses, havia começado a copiar o modo de vida da nobreza. E quais foram as principais mudanças no decorrer do século XVII, consideradas como ponto de partida rumo à cozinha francesa moderna?

A primeira revolução consistiu em trocar as especiarias por ervas, exceto a pimenta-do-reino, o alho e a noz-moscada, que ainda eram usados em quantidades moderadas. O *bouquet garni* (que se parecia com o *paquet* de Bonnefons), composto de tomilho, folha de louro e alecrim, e que também podia incluir salsinha, segurelha, cebolinha e estragão, tornou-se um elemento importante na aromatização dos pratos e ainda está presente na culinária francesa. Os caldos (*fonds de cuisine*) tornaram-se ingredientes que, de novo, ainda são amplamente usados pelos cozinheiros de hoje.

Durante o Renascimento e sob a influência italiana, os legumes foram progressivamente reabilitados. No século XVII, tornaram-se moda e eram cozidos o tempo suficiente para que permanecessem tenros e frescos. Os novos legumes, tais como alcachofra, ervilhas, couve-flor, espinafre, além dos cogumelos, eram apreciados, ao menos por serem alimentos naturais e saudáveis. Em geral, as frutas eram comidas cruas. A carne bovina (considerada mais nobre que a de porco) e o peixe eram cozidos com grandes cuidados, no intuito de preservar, e não disfarçar, o gosto. Desde o fim da Idade Média, trinchar a carne na Corte era privilégio de um nobre chamado de *écuyer tranchant* (literalmente, "escudeiro trinchante"). Essa alta responsabilidade era considerada grande honra, voto de confiança e uma arte, vinculada à arte de manusear a espada.

A manteiga se tornou a estrela dessa nova culinária, assim como as trufas. Na Idade Média, a manteiga era reservada aos pobres. O óleo, o bacon e o toucinho eram considerados mais sofisticados. Durante o século XVII, a manteiga era usada para selar a carne e dar liga (*liaison*) em molhos e *roux*. A *liaison* era uma nova técnica que consistia em misturar manteiga ou gordura com farinha, então acrescentar um líquido (por exemplo, o suco de cozimento da carne) para engrossá-lo. O *roux* (ruivo, em francês) era feito de molho misturado com farinha, ovos, manteiga e, às vezes, migalhas de pão. O desenvolvimento dessas novas técnicas deve-se em parte ao fato de o consumo da manteiga finalmente ter sido autorizado durante a Quaresma e outros feriados, que, como não podemos esquecer, totalizavam pelo menos quatro meses por ano. A partir daí, os molhos ganharam em sofisticação. Mas o creme de leite fresco (*crème fraîche*) ainda era rejeitado pelos cozinheiros.

Aos poucos, seguindo o aumento da produção, o açúcar, às vezes chamado de "mel indiano", passou a ser cada vez mais usado, principalmente em sobremesas, mais do que em sopas e pratos de carne e de peixe, como era antes. Em 1653, o primeiro estudo francês abrangente sobre confeitaria, *Le pâtissier François*, foi publicado por François Massialot, que, em seguida, também escreveu *Traité de confiture ou Le nouveau et parfait confiturier* (1689). Enquanto isso, Nicolas Bonnefons escrevia *Le confiturier François* (1660) e La Varenne, *Le parfait confiturier* (1667). Mais uma vez, o termo *confiture* incluía todo tipo de sobremesa com frutas e até saladas de frutas e bombons. Também havia *confitures* secas, que eram um tipo de frutas cristalizadas: a fruta era cozida como se fosse para uma geleia; então, era retirada da calda, seca, cortada em pedaços pequenos, salpicada de açúcar e colocada para desidratar em pequenas caixas de madeira, com uma folha de papel branco entre as camadas.

As frutas, que se tornaram verdadeira mania, progressivamente passaram do primeiro ao último prato da refeição, como sobremesa. Trata-se de uma importante novidade. Até então, as frutas eram consideradas perigosas para a saúde! As pessoas costumavam comer poucas frutas e, normalmente, no começo das refeições. A mudança de comportamento em relação às frutas se deve em parte aos progressos dos métodos de horticultura que produziam frutas de melhor qualidade. Em 1683, o doutor Nicolas Venette louvou as frutas e explicou suas virtudes nutricionais no livro *L'art de tailler les arbres fruitiers*.

Acima de tudo, os cozinheiros do "Grande Século" procuraram respeitar o sabor verdadeiro das coisas. A apresentação dos pratos também era extremamente importante: louça, prataria, toalha, guardanapo, vela, decoração do cômodo, tudo contribuía ao prazer dos olhos. O decoro também era impressionante tanto no salão como no jardim. O *maître d'hôtel* atuava como verdadeiro diretor de espetáculos, e o seu palco era a sala de jantar ou outro cômodo – um quarto ou uma sala maior, como a cozinha para os camponeses – onde as mesas eram postas. A primeira menção de uma sala de estar numa casa privada de Paris data de 1734.

UMA BREVE HISTÓRIA DA CULINÁRIA FRANCESA

Grande culinária para um grande século. Luís XIV, que reinou de 1643 a 1715, comia bastante. A duquesa de Berry declarou que frequentemente testemunhou o rei comer quatro pratos de sopa, um faisão inteiro, uma perdiz, um grande prato de salada, alguns pedaços de carneiro com caldo e alho, um prato cheio de sobremesas, frutas e *confiture*. Esse extraordinário apetite despertou incentivo entre os chefs (*maîtres queux*) que queriam satisfazer os desejos do soberano. Inventaram novos pratos em sua homenagem, assim como outros chefs dedicaram suas invenções aos seus mestres. Assim, apareceram cortes *à la* Sévigné, ovos *à la* Colbert, paupiettes *à la* Maintenon (escalopes recheados) ou outros pratos *à la royale* ou *à la princesse*.

Com o Rei-Sol, a cerimônia da mesa era espetacular. Comparecer à pequena ceia ou à grande ceia do rei era uma enorme honra. O serviço era feito por um cavaleiro nobre muito agradecido por poder ficar perto do rei. Uma ordenação real de 7 de janeiro de 1681, detalhando mais de uma centena de instruções sobre o que os criados precisavam exatamente fazer, dá-nos um vislumbre da atividade de Versalhes. Mas não podemos esquecer que treze grandes epidemias de fome avassalaram a França durante o reinado de Luís XIV. A única refeição diária das pessoas comuns era composta de milhete, mingau ou sopa, fava, couve e, com um pouco de sorte, bacon ou porco. Às vezes, os camponeses apenas tinham uma fatia de pão, uma cebola e um punhado de nozes para se alimentar. Durante o terrível inverno de 1709, o povo faminto comeu grama e casca de árvores.

Vatel,

a lenda

E o que dizer a respeito do famoso cozinheiro Vatel? Ele não viveu nessa época?

Sim, claro, mas não era cozinheiro. Era *maître d'hôtel*, uma posição de grande responsabilidade. Encabeçando um exército de criados, Vatel era encarregado da organização de tudo o que dizia respeito à mesa e ao divertimento, às despesas em alimentos, ao jardim e à manutenção do castelo do marquês Nicolas Fouquet, o superintendente das finanças do rei (uma espécie de ministro da fazenda) e de outras propriedades de seu mestre.

Fritz Karle Vatel, nascido na Suíça em 1631, trabalhara como aprendiz de confeiteiro no comércio do padrinho de seu irmão durante sete anos e, aos 22 anos, já era encarregado de cozinha (*écuyer de cuisine*) no castelo de Vaux-le--Vicomte, antes de cuidar dos assuntos domésticos e se tornar o ajudante-geral de Fouquet e seu homem de confiança.

Em 17 de agosto de 1661, Fouquet, que queria impressionar o rei Luís XIV, ofereceu uma festa memorável e incrivelmente luxuosa. O rei, que então tinha somente 23 anos, foi convidado. Ficou extremamente enciumado: o jardim enfeitado, as fontes, os fogos de artifício, a incrível refeição servida em pratos de ouro, a apresentação da deliciosa comida, os 6.000 convidados, 24 violinos tocando, tudo isso com certeza fazia dessa festa a do século, com magnífica organização de Vatel. Porém, a consequência foi a detenção de Fouquet pouco tempo depois sob a acusação de ter se enriquecido com o dinheiro do reinado. Após um longo processo, Fouquet foi condenado e passou dezesseis anos na cadeia antes de morrer. A maior parte de seus criados também foi detida, salvo Vatel, provavelmente porque sabia muito a respeito das finanças de seu mestre e poderia ter apresentado provas da inocência dele. Vatel fugiu para a Inglaterra. Fouquet não sentiu nenhum rancor. Escreveu que qualquer homem sensível, ainda mais obviamente inocente, não se exporia a pessoas sem piedade sabendo que não teria direito a um processo justo e que acabaria na cadeia pelo resto da vida.

Vatel reapareceu em 1665 como mestre de cozinha a serviço do príncipe de Condé, conhecido como o Grande Condé, no castelo de Chantilly; dois anos depois, aparece como controlador-geral e, em 1669, obteve o título de *intendant des maisons et des affaires* (intendente das propriedades e dos negócios) do príncipe. Era encarregado da organização e da gestão das refeições e das festas, tornando-se um verdadeiro homem de negócios que lidava diretamente com os fornecedores. Tratava-se de uma tarefa muito árdua e que requeria muitas qualidades: organização, autoridade, senso de estética e gestão. Na época, a função de *maître d'hôtel* geralmente era ocupada por nobres.

Em 1671, o príncipe de Condé decidiu organizar um banquete para o rei e a corte, com cerca de 2.000 convidados, num gesto de reconciliação. Anos antes, caíra em desgraça por causa da oposição que havia manifestado ao soberano. Esse banquete, que foi planejado para durar três dias e três noites, precisava ser inesquecível, digno dos banquetes de Fouquet dez anos antes. Sabendo o que estava em jogo, podemos imaginar quanto isso pesou sobre os ombros de Vatel.

Numa de suas famosas cartas à sua filha, Madame de Sévigné (1626-1696) descreve o banquete. A prolífica correspondência dessa marquesa não somente provou ser um documento informativo sobre a vida na corte real do século XVII, como também uma brilhante obra literária:

> Chegou o Rei quinta-feira à noite; a caça, as lanternas, o luar, o passeio, a refeição em um lugar coberto de junquilhos, nada deixou a desejar: ceou-se; em algumas mesas faltou assado, já que houvera mais gente do que se esperava: isso afligiu Vatel em tal modo que disse várias vezes: "Perdi a honra, não vou poder suportar tamanha desgraça"; disse a Gourville: "Parece que a cabeça me dá volta; doze noites que não durmo: ajude-me a dar ordens". Gourville o aliviou no que pôde. O assado, que deixara de ser servido, não à mesa do Rei, mas à vigésima quinta mesa, não lhe saía da cabeça. Gourville o disse ao Príncipe, e Sua Alteza entrou no quarto de Vatel e lhe disse: "Tudo tem estado muito bom; nada foi mais bonito do que a ceia do Rei". Vatel respondeu: "Senhor, sua bondade me subjuga; sei que faltou assado em duas mesas". "Não, não faltou", disse o Príncipe, "sossegue, está tudo bem".

O exaustivo preparo do banquete, o fato de ter faltado um assado em uma das mesas, as doze horas de insônia e até um caso amoroso, como alguns sugeriram, parecem ter levado o pobre Vatel a uma crise de nervos. Mas o pior estava por vir:

Veio a noite; os fogos de artifício fracassaram, cobertos por uma nuvem; custaram dezesseis mil francos. Às quatro horas da manhã, Vatel vai por todo lugar, descobre que todos estão dormindo. Encontra um pequeno peixeiro, trazendo-lhe apenas duas cargas de peixe fresco; Vatel lhe pergunta: "É só isso?" "Sim, senhor." Ele não sabia que Vatel havia mandado [ordens] a todos os portos marítimos. Vatel espera algum tempo; os outros peixeiros não vieram; sua cabeça estava esquentando, ele achou que não haveria mais peixe; foi procurar Gourville e lhe disse: "Senhor, não vou sobreviver a tamanha desgraça". Gourville não o levou a sério. Vatel sobe aos seus aposentos, encosta a espada contra a porta e a passa através do coração; mas foi somente no terceiro golpe, porque antes se dera dois que não foram mortais; ele cai morto. Enquanto isso, o peixe fresco chega de todo lugar; procura-se Vatel para distribuí-lo, vai-se até seu quarto, bate-se, arromba-se a porta, é encontrado afogado no próprio sangue; às pressas, busca-se o Príncipe, o qual fica desesperado.

O Duque chorou. Sua viagem da Borgonha dependia totalmente de Vatel. O Príncipe contou ao Rei com muita tristeza; disse-se que era por causa de seu orgulho; foi muito lisonjeado, louvou-se e lamentou-se sua coragem. O Rei disse que havia retardado sua vinda a Chantilly em cinco anos porque entendia o excesso de tamanho incômodo. Disse ao Príncipe que não deveria ter havido mais que duas mesas; jurou que não suportaria mais que o Príncipe repetisse tamanha ostentação. Mas era tarde demais para o pobre Vatel.

De qualquer modo, o banquete foi um sucesso. O suicídio de Vatel não interrompeu as festividades. Foi enterrado de forma muito discreta:

Gourville tentou suprir a perda de Vatel; deu certo: jantou-se muito bem, lanchou-se, ceou-se, passeou-se, divertiu-se, caçou-se; tudo era perfumado por junquilhos, tudo estava um encanto. Ontem, ainda no sábado, fizemos o mesmo; e de noite, o Rei foi para Liancourt, onde ordenou uma *media noche* [ceia perto da meia-noite]; hoje, ele deve permanecer por lá.

Esse suicídio teatral com certeza contribuiu enormemente à fama póstuma de Vatel. Alguns criticaram seu gesto por ter sido um sinal de irresponsabilidade, como Alexandre Dumas que no seu *Grande dicionário de culinária* o chamou de improvidente, por ter sido alguém que não planejava ou antecipava as coisas de forma apropriada. Contudo, a posteridade o considerou um paradigma de perfeccionismo e profissionalismo que morreu em nome da honra. Era profundamente respeitado pelo grande cozinheiro Marie-Antoine Carême, por exemplo: "O cozinheiro francês é movido em seu trabalho por uma questão de honra inseparável da arte culinária; prova disso é a morte do grande Vatel".

Embora Vatel não tenha sido cozinheiro e não tenha deixado receitas, vários cozinheiros criaram receitas em sua homenagem. Ele permanece na memória afetiva dos franceses como símbolo da perfeição na arte da mesa. Com o ator Gérard Depardieu no papel principal, sua história foi retratada no filme *Vatel – um banquete para o rei*, dirigido por Roland Joffé e apresentado na abertura do Festival de Cannes de 2000. Vatel, homem de honra, para sempre vinculado à grandeza da culinária francesa.

O chantili

Chantilly é uma cidade situada quarenta quilômetros ao norte de Paris. Seu castelo, antiga fortaleza medieval reformada no século XVI, pertenceu ao primo do rei Luís XIV, o príncipe de Condé, que no século XVII contratou o famoso jardineiro Le Nôtre para projetar o parque e o arquiteto Mansart que cuidou da decoração interna e da modernização do castelo. Originalmente, havia uma vila com gado leiteiro ao lado do castelo. Foi lá que o creme chantili, um creme batido com leve sabor de baunilha, supostamente foi inventado. O grande Vatel apresentou o creme durante um banquete para o rei. Contudo, a origem do creme chantili é controversa já que os confeiteiros de Catarina de Médici no século XVI já sabiam bater o creme fresco com paus de madeira. Teriam os italianos descoberto o delicioso creme antes dos franceses?

Se há discussões acerca da origem do creme, sobre o seu preparo as opiniões são unânimes. Para obter o chantili perfeito, a primeira dica é colocar todos os utensílios (tigela da batedeira e batedores) no congelador por quinze minutos antes de usar. Outro cuidado importante é bater sempre na velocidade mínima da batedeira, para não correr o risco de o creme de leite virar manteiga. Usar creme de leite fresco bem gelado (na proporção de meio litro para duas colheres de açúcar) também é importante para que o resultado final fique digno de um chef francês.

AS PEQUENAS CEIAS

Com a morte de Luís XIV em 1715, o regente Felipe II, também conhecido como Filipe, duque de Orleans, tomou o poder. Reduziu a ostentação e os excessos de seu predecessor. Em Versalhes, por exemplo, mais de 500 pessoas eram encarregadas do abastecimento, do preparo e do serviço das refeições. Ele preferia ceias mais íntimas, comida mais leve e, acima de tudo, a companhia das damas. Agora, um cômodo era exclusivamente reservado às refeições, e os serviçais precisavam ser discretos. Pequenas mesas com louças e talheres extras eram colocadas ao lado dos convidados. Eram chamadas de *serviteur muet*, o "criado-mudo".

O próprio regente gostava de cozinhar e improvisava receitas: foi um dos primeiros a inventar um molho com champanhe. O champanhe era uma bebida nova. Em 1684, um monge, Dom Pérignon, inventara um novo processo para produzir a famosa bebida espumante. Outra novidade da época foi o uso de essências de plantas em receitas.

Sob o reinado de Luís XV, a louça e os pratos ficaram cada vez mais sofisticados, com o uso de porcelana chinesa e talheres de prata e ouro. Limoges, após a descoberta do caulim em 1768, tornou-se o segundo centro de produção de porcelana na França, depois de Sèvres (perto de Paris). Os convidados usavam guardanapos e era aconselhado não usá-los para assoar o nariz! No que diz respeito à culinária, o lema era simplicidade, boa comida, criatividade e um número decrescente de pratos.

Embora parecesse simples e "natural", essa Nouvelle Cuisine era elaborada. Pela primeira vez, podemos falar em certa "química". O cozinheiro então na moda, Menon, escreveu livros de culinária para a aristocracia como o *Soupers de la cour* [Ceias da corte], cujas receitas exigiam conhecimento profissional e grande cuidado, e para a burguesia, como *La cuisinière bourgeoise* [A cozinheira burguesa], em 1755, tratando de uma cozinha mais simples baseada em produtos da feira acessíveis a qualquer dona de casa. Vincent de la Chapelle, outro cozinheiro muito conhecido e que vivia em Londres a serviço de Lorde Chesterfield, apresentou o livro *Modern*

Cuisine [Cozinha moderna] em inglês, em 1733. O livro fez tanto sucesso que ganhou uma edição francesa ampliada em 1735.

O último rei da França antes da Revolução, Luís XVI, tinha bom apetite, porém não era glutão. Por outro lado, a rainha Maria Antonieta achava que mastigar demais deformava os traços do rosto e criava rugas. A seu pedido, os cozinheiros faziam purês leves de frutas ou legumes, musses e gelatinas. J.S. Mercier relatou em seu *Tableau de Paris* que, durante um banquete de Semana Santa, nos pratos servidos ao Rei os legumes tinham sido reduzidos a musses e enformados para imitar o contorno de um peixe. Segundo ele, os legumes tinham até gosto de peixe.

Longe da Corte, nos subúrbios de Paris, o povo começa a frequentar simples cafés abertos às margens do rio Sena para beber e dançar. Chamados de *guinguettes*, a origem dessa palavra permanece um tanto obscura. A primeira ocorrência se deu em 1694 para designar um café em que as pessoas dançavam; especula-se que se refira ao verbo *ginguer* ou *giguer* (em português, "pular"), já que a *guigue* é uma dança. Pelo fato de ser servido em locais fechados, o vinho era mais barato porque os impostos eram menores.

OS PRIMEIROS CAFÉS

A Revolução estava latente: foi nos primeiros cafés que *les gens des lettres* – intelectuais como romancistas, filósofos e comediantes – costumavam se encontrar, seguidos por revolucionários que queriam compartilhar suas ideias.

O café provavelmente veio da província de Kaffa, na Etiópia, e em árabe a palavra quer dizer "força", "energia", "vitalidade". Com o passar do tempo, a palavra se transformou em *"qahvé"* para os turcos e *"café"* na Itália, para onde o café foi exportado pela primeira vez em 1615. Foi em Veneza, cidade dos doges, que o primeiro café abriu trinta anos mais tarde.

Por volta de 1640, mercadores armênios levaram o produto para Marselha, onde os primeiros amantes de café da França puderam apreciá-lo. Em Paris, em 1669, o embaixador otomano

VIAGEM GASTRONÔMICA À FRANÇA

Solimão Aga convidou o rei Luís XIV e a alta aristocracia para visitar sua casa deslumbrantemente decorada e lhes ofereceu café. Contudo, os parisienses ainda relutavam em beber o líquido escuro, misterioso e caro. Luís XIV preferia o chocolate.

Um dos primeiros cafés franceses foi aberto no porto de Marselha em 1671, pela iniciativa de um armênio chamado Pascal (não se sabe seu nome completo). Ali as pessoas não somente bebiam

O macaron

Alguém se lembra de que no filme *Maria Antonieta*, de Sofia Coppola, a rainha da França comia macarons coloridos? Já na corte de Versalhes a família Dalloyau, os *officiers de bouche* responsáveis pela mesa real desde 1682 e até a Revolução de 1789, abastecia o rei da França com biscoitos feitos de amêndoas, claras e açúcar.

Existem, porém, vários tipos de macarons. Antes de mais nada, o próprio nome parece indicar que este doce pode ter se originado na Itália. Sabe-se que em Veneza, durante a Idade Média, havia um biscoito arredondado e crocante chamado *maccherone*, isto é, "massa fina", "macarrão" em italiano. Pode ter sido trazido à França em 1533 pelos chefs doceiros de Catarina de Médici. Tornou-se então uma especialidade com variantes em diversas regiões – notadamente na cidade de Saint-Jean-de-Luz, no sudoeste da França, perto da fronteira com a Espanha; em Montmorillon, no centro da França, onde há um museu dedicado ao macaron; e em Nancy, no leste do país, onde duas freiras faziam macarons na época da Revolução.

Até então, o macaron não tinha recheio. O macaron recheado que hoje faz sucesso foi criado por Pierre Desfontaines, da loja de doces e café Ladurée, que modificou a receita no século XX para unir duas bolachas juntas em um sanduíche recheado com *ganache,* um creme à base de manteiga, creme de leite e chocolate. Desfontaines também acrescentou cores às bolachinhas e substituiu a *ganache* por um creme amanteigado aromatizado, criando uma paleta harmoniosa que dá ainda mais charme a esta deliciosa iguaria.

UMA BREVE HISTÓRIA DA CULINÁRIA FRANCESA

como também jogavam cartas e fumavam. No ano seguinte, em Paris, o mesmo Pascal começou a vender a preciosa bebida a famílias que passeavam entre lojas, malabaristas, mágicos, manipuladores de marionetes, domadores de ursos e macacos na pitoresca Feira de Saint-Germain (hoje no bairro de Saint-Germain-des-Prés, em Paris). Ele a servia em pequenas xícaras de porcelana por 2,5 centavos, num ambiente decorado à moda turca e no qual os fregueses se sentavam em almofadas e tapetes de estilo oriental.

Pascal tinha dois aprendizes: um persa chamado Maliban (ou Malisan) e um jovem siciliano, Procopio dei Coltelli. Quando Pascal abriu seu primeiro café no Quai des Écoles (hoje, Quai du Louvre), seus clientes eram principalmente cavaleiros da Ordem de Malta e viajantes. Aparentemente, seu público não foi suficiente para sustentar seu comércio; Pascal faliu e se mudou para a Inglaterra, onde o café era mais popular. É preciso se lembrar de que os médicos parisienses acusavam o chá e o café de provocar vários tipos de problemas: azia, esterilidade e até problemas de ereção! Além do mais, os vendedores de vinho enxergavam o "vinho árabe" como um concorrente.

Um dos aprendizes de Pascal, Maliban (ou Malisan) abriu seu próprio café em 1675 na Rue de Buci 28, em Saint-Germain-des-Prés, onde também vendia cachimbos e tabaco, depois vendeu-o a outro armênio chamado Grégoire. Uma versão dos fatos dá conta de que Grégoire, desejoso de se juntar a uma trupe de teatro, passou o café para Procopio, o outro aprendiz de Pascal. Procopio havia entrado na confraria dos destiladores e fabricantes de bebidas não alcoólicas e tornara-se mestre na arte de destilar. Em 1686, ele teve a oportunidade de comprar uma casa de banhos situada Rue des Fossés-Saint-Germain-des-Prés (hoje, Rue de l'Ancienne-Comédie) e alugou duas casas adjacentes.

Vislumbrando novos negócios, Procopio decidiu juntar os três prédios e transformá-los em um ambiente amplo e elegante, decorado com espelhos, candelabros de cristal, tapeçarias e mármores, tudo digno de uma casa nobre. O lugar era único e o siciliano praticava seu talento de mestre em destilar no preparo de vários tipos de licores e bebidas sem álcool. Lá era possível

45

saborear deliciosos cafés e comer sobremesas. Batizado de Le Procope, foi o primeiro lugar em Paris a aceitar mulheres e a oferecer sorbets (sorvetes preparados com a polpa ou o suco da fruta, sem adição de leite ou creme de leite) e sorvetes. O sucesso foi instantâneo.

Em 1689, a sorte sorriu mais uma vez para Procopio. Por ordem do rei, as três principais trupes de teatro de Paris se fundiram, compondo um grupo de 27 atores escolhidos pelo rei. Assim nasceu a famosa Comédie Française, que se instalou num local em frente ao Procope. Após o espetáculo, bastava aos atores e ao público atravessar a rua para fervilhar o refinado estabelecimento com intrigas e as últimas fofocas de Paris.

Outra inovação fez do Procope um lugar muito especial: as últimas notícias eram escritas em uma parede ao lado do fogão e os fregueses podiam ler o diário *La Gazette de Renaudot*. Assim, Le Procope tornou-se um café literário, atraindo clientes regulares como os escritores Voltaire e Rousseau. Diz-se que Diderot escreveu ali alguns dos verbetes da *Encyclopédie, ou dictionnaire raisonné des sciences, des arts et des métiers* [Enciclopédia, ou dicionário explicativo das ciências, das artes e dos ofícios], que foi lá que o dramaturgo Pierre de Beaumarchais ouviu as primeiras críticas de sua peça *As bodas de Fígaro* e onde Benjamin Franklin esboçou trechos da constituição americana.

Mas nem só da escrita vivia o Procope. O café também era o ponto de encontro do Club des Cordeliers, um grupo de revolucionários cujos principais porta-vozes eram Danton e Marat. Robespierre também frequentava o lugar com regularidade. À noite, os membros do grupo queimavam os jornais que consideravam moderados demais na frente do café. Foi no Procope que, pela primeira vez, alguns patriotas usaram a boina frígia, símbolo de revolta desde que fora usada por escravos libertados durante o Império Romano. No começo da Revolução Francesa, era comum que algumas reuniões fossem organizadas em cafés, mas elas rarearam durante o Terror, o mais violento período da Revolução, entre agosto de 1792 e julho de 1794. Aliás, foi de encontros no Procope em agosto de 1792 que partiram as ordens para atacar o Palácio das Tuileries. O castelo foi saqueado durante a Revolução Francesa e, mais tarde, incendiado em 1871.

Assim, o típico café francês tornou-se um tipo de clube revolucionário nos moldes dos estabelecimentos ingleses existentes desde um século antes. Na Inglaterra, em meados do século XVII, filósofos, artistas e intelectuais se reuniam em cafés, onde ideias liberais fluíam e panfletos eram distribuídos; em 1676, os cafés foram fechados por ordem do rei Carlos II, mas a reação da população foi tão violenta que acabaram reabrindo. Para se ter uma ideia da importância desses estabelecimentos, em 1721 o filósofo francês Montesquieu declarou que, se fosse o soberano da França, ele fecharia os cafés por achar que seus frequentadores esquentavam demais a cabeça com assuntos inoportunos.

Em uma das paredes do Procope, é possível ler uma citação do grande revolucionário Camille Desmoulins: "À diferença dos outros, este café não é ornado de espelhos ou bustos, mas decorado com a lembrança dos grandes homens que o frequentaram e cujas obras revestiriam as paredes se nelas fossem guardadas". Como se vê, embora Le Procope não tenha sido o primeiro café a surgir na capital, hoje é o mais antigo de Paris e também funciona como restaurante.

A partir de então, os cafés se tornaram moda. Alguns ofereciam jogos, como bilhar no Café des Glaces, na Rua de l'Arbre-Sec, ou xadrez no Café de la Régence. No final do século XVIII, Paris já contava com cerca de seiscentos cafés.

A ORIGEM DOS RESTAURANTES

A criação dos restaurantes parece ter decorrido naturalmente dos cafés. De fato, os restaurantes, como hoje os conhecemos, somente apareceram no século XVIII, pelo menos na Europa. É claro que desde a Antiguidade já havia albergues onde os viajantes podiam dormir e comer alguma coisa. As tavernas, locais aos quais os soldados iam para beber e raramente comer, em geral eram malfaladas, assim como os cabarés. Como a Igreja proibia membros do clero de frequentar esses lugares "demoníacos", criaram-se albergues e abriram-se mosteiros e abadias para receber os peregrinos. Nas cidades, as *gargotes* (o verbo "*gargoter*" significa "comer e beber de forma desleixada"; vem da palavra "*gorge*", "garganta") eram lugares baratos nos quais as pessoas podiam comer, mas onde era proibido servir carne.

A palavra "restaurante" vem do verbo francês "*se restaurer*", que quer dizer "restaurar", "recuperar", "restituir". Sua primeira ocorrência se deu no século XVI e se referia à "comida restauradora". Mais tarde, em meados do século XVII, designou mais precisamente "um caldo restaurador feito com suco concentrado de carne". Em 1771, a palavra era usada para qualificar locais que servem refeições (originalmente caldos) mediante pagamento.

Em 1765, o primeiro restaurante de Paris teria sido aberto por um homem chamado Boulanger na Rue des Poulies, que ficava perto do Louvre, mas hoje não existe mais. Na porta, lia-se: "*Venite ad me omnes qui stomacho laboratis et ego restaurabo vos*" [Venham a mim, vocês cujo estômago implora por comida, e vou restaurá-los]. Alguns historiadores acreditam que alguém chamado Chantoiseau teria aberto um restaurante três anos antes na mesma rua. Outros acreditam que Chanoiseau era o apelido de Boulanger, de forma que se trataria do mesmo homem e do mesmo estabelecimento. De qualquer modo, independentemente de quem foi o primeiro, o fato é que Boulanger foi acusado de vender não somente caldos, mas também ovos, galinhas e sua especialidade, pés de carneiro. Até então, a prerrogativa era de fornecedores específicos, os únicos a ter o direito de vender comida pronta.

Desde a Idade Média, os *métiers de bouche* (ofícios da alimentação) eram estritamente organizados em guildas ou corporações: os açougueiros matavam e vendiam carne de vaca, de vitela e de carneiro, enquanto os tripeiros vendiam apenas miúdos de mamíferos e aves. Os charcuteiros (cuja denominação vem de "*chair cuitiers*", literalmente "cozinheiro de carne") podiam vender carne suína, patês, presunto e todos os tipos de embutidos, porém não podiam matar o animal. Já os *rôtisseurs*, que preparavam e

UMA BREVE HISTÓRIA DA CULINÁRIA FRANCESA

vendiam a carne assada, não podiam vender pratos ensopados ou cozidos, os quais eram vendidos por fornecedores que, por sua vez, podiam oferecer qualquer tipo de carne cozida com molho. O papel de cada guilda era bem definido para que não houvesse qualquer tipo de competição. O caso de Boulanger foi inédito: o tribunal decidiu em seu favor ao considerar que seus pratos eram diferentes daqueles preparados pelos fornecedores. Assim, Boulanger obteve certo reconhecimento e alguns profissionais seguiram seu exemplo.

A proliferação de restaurantes se deu em grande parte graças à Revolução Francesa. Como muitas famílias aristocratas emigraram e castelos e mansões ficaram fechados, os criados e cozinheiros que ficaram desempregados se tornaram a nova mão de obra dos restaurantes. Em 1782, Antoine Beauvilliers, que já trabalhara para o Príncipe de Condé e mais tarde se tornaria o cozinheiro de Luís XVIII, abriu o primeiro grande restaurante de Paris: La Grande Taverne de Londres, na Rue de Richelieu 26. Ali ele oferecia uma culinária elaborada e com apresentação elegante, serviço perfeito, boas maneiras e uma excelente carta de vinhos, tudo isso, claro, por um preço bem alto. Durante a Revolução Francesa, Beauvilliers foi detido e encarcerado e seu restaurante, fechado. Uma vez libertado, abriu outro restaurante e foi sinônimo de excelência por décadas na alta sociedade parisiense. Era louvado por famosos clientes, como Brillat-Savarin, autor do livro *A fisiologia do gosto*, que declarou que durante quinze anos Beauvilliers foi o maior dono de restaurante de Paris. Em 1814, ele escreveu *L'art de cuisiner* [A arte de cozinhar] e também contribuiu para a redação de *La cuisine ordinaire* [A culinária comum], com o grande chef Carême.

Outra consequência da Revolução foi a mudança de horário das refeições. Até então, as pessoas iam ao restaurante somente no final da tarde, geralmente entre 16h30 e 18h30. Em 1804, no Boulevards des Italiens, em Paris, a proprietária do Café Hardy decidiu instalar uma chapa comprida para os clientes poderem assar os cortes de carne que haviam escolhido, fazer o prato, pegar um garfo (já que na época as pessoas traziam a própria faca) e se sentar à mesa para comer. Ela inventara o churrasco. Os primeiros clientes desse novo "self-service" eram representantes do interior da França. Como trabalhavam de manhã bem cedo, começavam a ficar com fome a partir das 10h. Assim nasceu o *déjeuner* (almoço) moderno. Hoje em dia, trata-se de uma refeição importante para os franceses, que costumam almoçar por volta das 13h e jantar às 20h.

Em 1789, havia cerca de cem restaurantes em Paris e esse número se tornaria dez vezes maior quinze anos mais tarde. Alguns deles como Le Grand Véfour ou Ledoyen ainda existem. Entretanto, durante o inverno de 1791-1792, a França sofreu um período de fome. Nos subúrbios de Paris, organizaram-se sistemas de refeição para os mais pobres. Isso nos mostra que, apesar da rápida multiplicação dos restaurantes após a Revolução, a maior parte do povo não podia se oferecer o luxo de frequentá-los e ainda passava fome.

No final do século XVIII, três mundos coexistiam: o dos restaurantes com o serviço à russa (peças inteiras são mostradas primeiro ao cliente e depois cortadas e empratadas); o das mansões particulares da alta sociedade com mistura de serviços à francesa (originalmente, neste serviço, os pratos eram colocados no centro da mesa para que os convidados se servissem sozinhos) e à russa, com pratos apresentados de forma espetacular, sobre bases extravagantes e complexas feitas de pão, arroz ou sêmola; e finalmente o mundo das pessoas mais humildes, que mal conseguiam sobreviver.

Tartare de grãos e cavala defumada, Concarneau, Bretanha

Patê de foie gras com confit de figos, Lyon, Vale do Ródano

Carême,
rei dos cozinheiros e cozinheiro dos reis

Este homem teve uma vida incrível. Preferia ser chamado de Antonin a Marie-Antoine. Nasceu em Paris por volta de 1783, numa família extremamente pobre de 25 filhos! Aos 10 anos, foi abandonado por seu pai, que não tinha mais condições de sustentar a família. Naquela época, o fato de abandonar crianças não despertava tanta indignação quanto hoje. Segundo o historiador Fernand Braudel, por volta de 1780, a cada 30.000 crianças nascidas em Paris, de 7.000 a 8.000 eram abandonadas. Carême contou que seu pai o deixara em uma das portas de Paris com as seguintes palavras: "*Ce temps-ci sera celui de bien des fortunes, il suffit d'avoir de l'esprit pour en faire une et tu en as*" [Essa época será a de muitas fortunas, basta ter inteligência para construir uma, e isso não lhe falta]. Mais tarde, o rei Luís XVIII o autorizaria a se chamar "Carême de Paris". O sobrenome "Carême" quer dizer "Quaresma" e, segundo a lenda, seu ancestral, cozinheiro do papa Leão X, teria inventado uma deliciosa sopa de lentilha destinada a suavizar as abstinências da Quaresma. O pontífice o teria honrado com o nome de Jean de Carême.

Após ter perambulado pelas ruas até o anoitecer, o menino estava diante de um restaurante barato quando o gerente o viu. Teve pena dele e lhe ofereceu um abrigo para a noite. Foi só o começo. Carême ficou pelo menos cinco anos ali como aprendiz de cozinha. Aos 17 anos, foi contratado em uma famosa doceria chamada Chez Bailly, na Rue Vivienne, que contava com notórios clientes, entre os quais Napoleão Bonaparte e Charles Maurice de Talleyrand-Périgord (1754-1838), um influente diplomata que viria a ser o maior incentivador de sua carreira. Foi onde aprendeu a fazer as famosas *pièces montées*, profiteroles recheados com creme arranjados em forma de pirâmide, que se transformaram em sua especialidade.

Carême considerava a elaboração de doces como a mais linda das arquiteturas. Autodidata, trabalhava duro, estudando em bibliotecas todos os assuntos ligados à arquitetura. A seu ver, o confeiteiro moderno precisava ser desenhista. À medida que sua fama crescia, era chamado para trabalhos extras, cozinhando ocasionalmente para outros clientes. Seus livros sobre doces, *Le pâtissier royal* [O confeiteiro real] e *Le pâtissier pittoresque* [O confeiteiro pitoresco] também contribuíram para um salto de qualidade nas docerias.

O prestigiado chef era devotado ao seu mestre Talleyrand. Seu lema era "Um mestre: Talleyrand; uma amante: a culinária". Talleyrand era um verdadeiro gourmet, que não somente amava a boa comida como também sabia falar eloquentemente sobre gastronomia. Lady Frances Shelley, uma nobre inglesa, relatou que uma noite ouviu Talleyrand analisar o jantar com tanto interesse e seriedade quanto se estivesse falando sobre uma questão política da maior importância.

Quando Talleyrand convidou o tsar Alexandre I da Rússia à sua mesa, o imperador apreciou tanto a comida de Carême que lhe propôs praticar seu talento em sua corte. Assim, em 1819, Carême foi para São Petersburgo, onde ficou pouco tempo já que as condições de trabalho não lhe convinham. Não era a primeira vez que Carême ficara longe de casa já que havia passado seis meses em Viena a serviço do embaixador britânico e preparara lindos jantares para diplomatas. Ele considerava Viena como a mais agradável de todas as cidades, após Paris, para a culinária francesa, embora lá "a carne não fosse bem cortada"! Mais tarde, o príncipe de Gales, o futuro rei Jorge IV, o fizera vir a Brighton, mas, infelizmente, Carême ficou tão saudoso e entediado que teve de regressar ao seu país, onde deixara sua alma.

Carême amava escrever. Diz-se que um dia Napoleão pediu para visitar sua cozinha sem avisá-lo antes. No meio da intensa atividade dessa colmeia, o jovem Carême estava absorto, escrevendo. E, assim como Vatel, Carême era um exímio organizador de eventos. Em seu livro, *Le maître d'hôtel français*, ele explica como preparou dois jantares extraordinários no espaço de dois dias. Ambos os banquetes incluíam 300 pratos de ostras com limão, 3 sopas, 28 *hors-d'œuvre*, 28 entradas frias, 112 entradas quentes, 28 pratos de assados e salada, 56 entremezes de legumes e 56 sobremesas.

Outro impressionante jantar organizado por Carême foi servido em uma imensa tenda erguida no meio dos Champs-Élysées, em Paris, estendendo-se da Place de la Concorde à Place de l'Étoile. A tenda ia receber 10.000 pessoas para um banquete militar em que cada convidado tinha sua própria garrafa de vinho. Para o banquete, serviram-se 6 vacas, 75 bezerros, 250 carneiros, 8.000 perus, 2.000 frangos, 1.000 galinhas-d'angola, 1.000 perdizes, 500 presuntos, 1.000 carpas e 1.000 lúcios.

Carême nos deixou pelo menos 2.000 receitas desde as mais elaboradas até as mais simples, entre as quais cerca de 500 receitas de sopas. As viagens estimularam sua criatividade. Ele trouxe o caviar da Rússia, modificou o doce inglês charlote, criado em homenagem à rainha Carlota, esposa do rei Jorge III, substituindo o pão de fôrma amanteigado por biscoitos tipo champanhe (*biscuits à la cuillère*). Esse delicioso bolo foi renomeado de *charlotte à la parisienne* e, mais tarde, *charlotte à la russe*.

A pequena criança abandonada, após ter trabalhado nas mais prestigiosas cortes da Europa, acabou a carreira na casa do homem mais rico da época, o banqueiro James Mayer Rothschild. Até hoje, Carême é considerado o inventor da culinária moderna e internacional.

O vol-au-vent e a bouchée à la reine

Um dia, o grande cozinheiro Carême estava preparando tortas e decidiu moldar a massa folhada em uma pequena fôrma redonda. Depois de assada, a massa cresceu como uma pequena torre. "Cuidado, Antonin", disse-lhe seu aprendiz, "ela vai sair voando com o vento!" Foi assim que surgiu o nome de uma frágil iguaria: "vol" quer dizer "voo" e "au vent", "ao vento", ou seja, "voando ao vento". O poético nome combinou perfeitamente com esse tipo de entrada que, segundo Carême, sempre provoca prazer por sua extrema delicadeza e leveza. O preparo, porém, requer meticuloso cuidado para ficar perfeitamente assado. O recheio é colocado na cavidade do centro e os mais comuns levam peixe, carne, frutos do mar, cogumelos ou queijo.

A *bouchée à la reine* ("bouchée" quer dizer "bocado") é um *vol-au-vent* bem pequeno que costuma ser servido como *hors-d'oeuvre* (entrada). A rainha que dá nome ao petisco é a mulher de Luís XV, Maria Leszczyńska, uma notória gourmet.

Para fazer *vols-au-vent* em casa, não é muito complicado. Basta abrir uma folha de massa folhada e usar um cortador para fazer discos de uns 6 centímetros de diâmetro. Pegue metade dos discos e use um cortador menor, de uns 4 centímetros de diâmetro, para retirar o centro dos discos, obtendo uma moldura em forma de anel. Passe clara na borda dos discos maiores e ajuste a moldura por cima, pincelando mais clara por cima de tudo para grudar bem. Leve para assar até que fiquem dourados e espere esfriar completamente antes de rechear.

Tartare de legumes sobre creme de ervilhas,
Le Benaton, Beaune, Borgonha

Peixe selado sobre espuma de alcachofras,
Bistrot au Bord de l'Eau, Levernois, Borgonha

DO DIRETÓRIO À RESTAURAÇÃO

Longe da Corte, a vida do *petit peuple*, o povo, ainda era muito difícil durante o Império. O ano de 1811 foi ruim, com chuvas fortes seguidas por um sol escaldante que devastou os campos. Consequentemente, o pão, alimento essencial para os franceses, começou a faltar. No ano seguinte, ciente das dificuldades da população rural, que então representava dois terços da população francesa total, Napoleão – líder do novo governo, chamado de Diretório –, assinou um decreto para que a cada dia fossem servidas 2 milhões de tigelas de sopa Rumford, que tinha esse nome em homenagem a seu criador. Benjamin Thompson, o conde de Rumford, selecionou os ingredientes mais nutritivos para fazer uma sopa perfeita para ser distribuída aos pobres.

Durante o reinado de Napoleão I, duas importantes descobertas foram feitas: a fabricação de açúcar a partir da beterraba, graças às experimentações de Benjamin Delessert, e uma nova maneira de conservar os alimentos, a esterilização. A segunda invenção se deve ao trabalho de Nicolas Appert, que descobriu que, ao colocar alimentos em uma garrafa selada, previamente fervida em um recipiente especial, era possível conservá-los melhor. Até então, as conservas somente eram feitas mediante secagem ao sol ou no fogo, pelo uso de sal ou açúcar ou por fermentação. Isso marcou o começo das conservas modernas.

Após a queda de Napoleão, inicia-se o período histórico conhecido por Restauração, que dura até eclodir a revolução de julho de 1830. Os tempos haviam mudado. A monarquia voltou ao poder em 1814: Luís XVIII assumiu o trono, o maior gourmand e gourmet de todos os reis, que não somente gostava de comer, mas também de cozinhar e ler livros de cozinha. No seu reinado, o *service à la française* foi restabelecido: os pratos eram servidos todos ao mesmo tempo, como na época de Luís XIV.

O rei Carlos X sucedeu a Luís XVIII, mas não tinha o apetite nem a *gourmandise* (gula) do seu antecessor. Contudo, restabeleceu os jantares reais públicos. Uma vez por semana, a mesa era posta num cômodo do Palácio das Tuileries e, mediante convite, qualquer pessoa podia assistir ao rei comendo e podia até ter a sorte de compartilhar a refeição real, o que significava pegar um pedaço de comida que porventura o rei lhe oferecesse na ponta do garfo.

Após as revoltas de julho de 1830, Luís Filipe, conhecido como "o rei burguês", tomou o poder, que exerceu durante dezoito anos até ser obrigado a abdicar por causa de uma revolta popular. Restaurantes bem conhecidos na época, como Au Rocher de Cancale, Lapérouse ou Laurent, até hoje perpetuam a tradição da culinária francesa.

A palavra *"gastronomie"* apareceu pela primeira vez em 1801, em um longo poema de Joseph Berchoux, mas não foi aceita até 1834, quando surgiu na sexta edição do *Dictionnaire de l'Académie Française* [Dicionário da Academia Francesa] com a definição: *"L'art de faire bonne chère"* [A arte de se comer bem]. *"Chère"*, por sua vez, vem da palavra latina *"cara"*, que significa "rosto", "expressão". Assim, literalmente, *"faire bonne chère"* significa "fazer boa cara", isto é, mostrar-se agradável e amigável ao receber convidados em casa. Porém, no século XVIII, a palavra era confundida com outra palavra francesa de mesma pronúncia: *"chair"*, carne. Portanto, *"faire bonne chère"* ficou associado à comida e ao fato de comer bem, sentido que até hoje permanece, sem prejuízo da "boa cara", claro.

Já a palavra "gastronomia" é definida pela maior parte dos dicionários como a arte e ciência de comer bem. A palavra deriva do grego *"gaster"*, o estômago, e *"nomos"*, a regra, ou seja, literalmente "a arte de regular o estômago". Mas *"nomos"* também quer dizer "a soma dos conhecimentos sobre determinado assunto". Isso implica um conhecimento relativo à arte ou à ciência da boa comida – incluindo a química e física dos alimentos, a história dos alimentos, os costumes e a antropologia culinária. O gastrônomo, então, é um gourmet sensível e bem informado.

No começo do século XIX, a gastronomia estava nascendo. Nesse contexto, duas personalidades tiveram forte influência sobre a culinária e estabeleceram os fundamentos da crítica gastronômica: Grimod de la Reynière e Brillat-Savarin.

Grimod de la Reynière,
o primeiro crítico gastronômico

Alexandre Balthazar Laurent Grimod de la Reynière nasceu em 1758 numa família burguesa (seu pai era o mais rico coletor de impostos do reino) com uma deficiência: não tinha dedos. Graças a uma prótese de metal coberta por luvas brancas, ele conseguia segurar uma pena de escrever ou um garfo. Contudo, horrorizados pela malformação, seus pais o rejeitaram, enviaram-no para fora do país e o ignoraram. Foi criado por empregados domésticos e, apesar de tudo, conseguiu se formar advogado.

Durante a vida toda, Reynière apresentou comportamento agressivo e ressentido contra a sociedade, especialmente em relação à burguesia rica. Ele organizava extravagantes jantares para zombar de sua família e até escreveu um panfleto contra a justiça. Sua família, cansada de tantos escândalos, pediu ao rei que lhe mandasse uma "*lettre de cachet*", carta assinada pelo rei e com selo real que continha uma ordem imprescindível, neste caso, a de se submeter ao confinamento em um convento de leste da França.

Durante os dezoito meses de seu confinamento, que acabou se tornando proscrição voluntária junto aos monges, Grimod de la Reynière descobriu a arte de cozinhar e de comer bem. Depois de uma passagem pela Suíça, estabeleceu-se em Lyon, onde abriu uma loja em que vendia mantimentos, utensílios e outras mercadorias. Após a morte do pai e de oito anos de ausência, regressou a Paris durante o período do Terror. Na capital, fundou a revista *Le censeur dramatique* [O censor dramático], em que publicava artigos sobre teatro.

Em 14 de novembro de 1802, durante uma refeição no famoso restaurante Au Rocher de Cancale, ele teve uma brilhante ideia: a criação de um periódico que descreveria e avaliaria cafés, restaurantes e lojas. A primeira edição do *Almanach des gourmands* [Almanaque dos gourmands] logo foi publicada e foi um tremendo sucesso. No ano seguinte, Reynière criou os *jurys dégustateurs* (júris degustadores), que se reuniam todas as terças-feiras para apreciar e criticar pratos de restaurantes ou produtos enviados por fornecedores ou lojistas. À medida que o júri ganhava mais poder, os inimigos de Reynière tornaram-se mais incomodados e acabaram por processá-lo. O almanaque teve apenas oito edições. Grimod se recolheu em sua propriedade perto de Paris após organizar diversos jantares extravagantes (incluindo um para celebrar o próprio funeral em vida!) e morreu em 1837... de indigestão.

Em seu *Manuel des amphitryons* [Manual dos anfitriões], Reynière explicou como os diferentes pratos deviam ser apresentados à mesa de maneira a transformar a refeição em um verdadeiro espetáculo para o prazer dos sentidos. Segundo ele, a arte de cortar a carne, um dos deveres do anfitrião, era essencial e sinal de boa educação. Ele nos lembrou de que uma animada conversa durante a refeição ajuda a digestão, mantém o coração alegre e a alma serena.

De fato, o mérito de Grimod foi, como disse seu biógrafo Gustave Desnoiresterres, o de ter desenvolvido em todos os níveis sociais um gosto desenfreado pela mesa e pela boa comida. Seu *Almanach des gourmands* foi o precursor dos guias gastronômicos modernos, seja o guia Michelin ou o Gault&Millau. Além do mais, incentivou o hábito de dar o nome de alguém famoso a uma receita, firmando uma tendência que começara com Massialot no século XVIII, por achar que isso ambienta o prato em um contexto de glória, nobreza e fama, amplificando o prazer de comer. Em suas próprias palavras, Grimod de La Reynière dá mostras do orgulho de ser francês: "Paris é vista como a capital da Europa [...] inquestionavelmente, trata-se do lugar no universo em que melhor se come e o único capaz de fornecer excelentes cozinheiros para todas as refinadas nações do mundo".

Hachis parmentier

O *hachis parmentier* é um prato feito com purê de batata e carne moída em camadas e gratinado no forno, bem parecido com o escondidinho brasileiro. Costuma ser servido nas escolas e cafeterias por ser de fácil preparo, nutritivo e barato, já que pode ser feito com sobras de carne.

O nome do prato homenageia Antoine-Augustin Parmentier, um farmacêutico do exército que viveu no século XVIII. Feito prisioneiro pela Prússia, o maior reino da Confederação Germânica, durante a Guerra dos Sete Anos (1756-1763), passou a se alimentar com batatas. A batata havia sido introduzida na Europa no século XVI pelos conquistadores espanhóis, mas somente era usada para alimentar animais, exceto na Irlanda. Em 1748, o Parlamento francês tinha proibido o cultivo da batata porque, supostamente, provocava certas doenças.

De volta à França após seu cativeiro, Parmentier retomou suas pesquisas sobre a química dos alimentos e, em 1773, procurou demonstrar que a batata era fonte de nutrição para pacientes que sofriam de disenteria. Embora a relutância em comer batata continuasse forte, ele não desistiu e passou a organizar jantares em que o tubérculo era o único alimento. Entre seus convidados, costumavam estar Lavoisier, pai da química moderna, e o cientista e inventor americano Benjamin Franklin. Parmentier até chegou a proteger sua plantação de batatas com guardas armados para que as pessoas pensassem que se tratava de um tesouro que valia a pena ser roubado. Depois que o rei concordou em usar na lapela um buquê de flores de batata que Parmentier lhe oferecera, a corte começou a mudar de opinião sobre esse alimento. Aos poucos, graças à tenacidade de Parmentier, a batata conquistou seu lugar na culinária francesa.

Outros dois pratos usam o nome de Parmentier: as *pommes parmentier*, batatas cortadas em cubos e fritas na manteiga; e o *potage parmentier*, uma sopa cremosa de batata e alho-poró.

Brillat-Savarin,
o advogado e sua obra seminal

Outro homem que elevou o prazer de comer bem ao *status* de arte foi Brillat-Savarin, que, curiosamente, não era chef de cozinha.

Anthelme Brillat-Savarin nasceu em 1755 na cidade de Belley, na verdejante e montanhosa região de Bugey, a leste do rio Ródano, não longe da fronteira com a Suíça. Estudou quatro idiomas (inglês, alemão, espanhol e italiano), além de direito, química e medicina antes de finalmente se tornar advogado. No começo da Revolução, em 1789, foi nomeado deputado da Assembleia Nacional Constituinte. Seguidor do filósofo francês Voltaire, ele acreditava nos valores da *liberté, égalité et fraternité* (liberdade, igualdade e fraternidade), o famoso lema francês, mas, acima de tudo, na justiça. Seguiu a carreira de político e obteve certa fama, especialmente na defesa da pena capital. Também foi eleito prefeito de sua cidade natal.

Em 1793, a Revolução tomou outro rumo: o Terror espalhou-se pelo país. Temendo por sua vida, já que suas opiniões eram vistas como moderadas demais, Brillat-Savarin fugiu para a Suíça, depois para a Holanda e de lá embarcou para os Estados Unidos. Durante a juventude, aprendera violino e gostava de tocar. Assim, ao chegar a Nova York, ele procurou um emprego como professor de francês e músico. Menos de dois meses após sua chegada, estava tocando violino na John Street Theatre de Nova York e dava aulas de francês a Samuel Hopkins, brilhante advogado e membro do Congresso. Hopkins o apresentou a notáveis como Thomas Jefferson. Brillat-Savarin ficou fascinado pelo espírito americano de individualidade e independência.

Após passar três anos nos Estados Unidos, estava pronto para regressar à França em 1797. Favorável ao novo regime do Diretório e admirador de Napoleão, não teve dificuldade para retomar a carreira política. Obteve um cargo de juiz na Cour de Cassation (o equivalente ao Supremo Tribunal Federal) e publicou várias obras sobre direito e economia política, mas também escreveu contos, digamos, um tanto picantes. Permaneceu solteiro embora não fosse indiferente às mulheres; parecia se limitar a casos amorosos, talvez pelo fascínio que tinha por sua linda prima Juliette Récamier, que levava uma vida mundana e atraía *tout Paris* intelectual e artístico para seu salão.

De maneira a poder desfrutar o sossego de sua região natal, o Bugey, Brillat-Savarin costumava escapar da capital para caçar e apreciar a deliciosa comida de sua infância. A família toda gostava de comer; a mãe dele faleceu após um jantar farto demais e sobre isso ele costumava dizer que ela tinha ido "tomar café no outro mundo".

Brillat-Savarin não somente frequentava bons restaurantes como também trazia convidados à sua mesa, seja na sua casa de campo ou em Paris. A seu ver, ostensivos jantares com incríveis pratos eram menos importantes do que a sensação de se sentir confortável e em boa companhia em volta de uma mesa, comendo, conversando e rindo. Era o que ele chamava de *conviviat*, isto é, a arte de compartilhar. Para ele, a *gourmandise* era um dos principais vínculos entre os homens. Ele gostava de mostrar sua cozinha e de preparar pratos para seus convidados.

Em 1821, começou a escrever um livro que tinha em mente havia muito tempo e que alcançaria a posteridade como a bíblia da gastronomia. *A fisiologia do gosto* foi publicado em 1825, porém sem o nome do autor a pedido do próprio Brillat-Savarin. Foi porque ele era modesto demais ou porque quis despertar a curiosidade dos leitores? Infelizmente, ele não teve o tempo de apreciar o efeito de seu último capricho: morreu menos de dois meses depois, aos 71 anos.

A maionese

Esta emulsão de óleo, gema de ovo e vinagre ou suco de limão foi servida pela primeira vez à mesa do duque de Richelieu, ministro-chefe do rei Luís XIII. Uma das versões da origem do nome deste molho, que nasceu com o nome de *mahonnaise*, faz referência à vitória da frota francesa sobre a frota inglesa, em 1756, pelo controle do porto catalão de Maó [Mahón em espanhol, e Mahon em francês e em inglês]. Naquela época, a capital da ilha de Minorca, uma das Baleares, arquipélago espanhol no Mediterrâneo, estava sob o domínio britânico. Essa batalha deu início à Guerra dos Sete Anos entre a Grã-Bretanha e a França. A maionese teve mais longevidade, chegando a conquistar o mundo todo. Uma das variantes da maionese é o *aïoli* ("*ail*" significa "alho"), que utiliza azeite de oliva temperado com alho.

Quando Brillat-Savarin começou a escrever o livro que levaria seu nome à posteridade, seu propósito foi combinar seu conhecimento científico e artístico com sua experiência e suas observações para elaborar um ensaio filosófico e prático. Ele queria mostrar a gastronomia como uma nova ciência e um estilo de vida. Para se ter uma ideia da importância do escritor, basta dizer que o nome de Brillat-Savarin foi dado a um queijo (ele adorava queijos) e também a uma fôrma circular para bolos com parede lateral alta e ao bolo feito com essa fôrma.

A fisiologia do gosto escapa a qualquer classificação porque reúne lembranças, anedotas, diálogos, pensamentos e comentários. A primeira parte é dividida em dezoito meditações sobre diversos assuntos ligados à comida: os sentidos, o paladar, a gastronomia, o apetite, os alimentos, as especialidades culinárias de seu tempo, o processo de fritar, a sede e as bebidas, a *gourmandise* e os gourmands. Algumas de suas reflexões são bastante inusitadas, como por exemplo, sobre a digestão; para ele, essa é a função fisiológica que tem mais influência sobre o estado moral do indivíduo. Segundo ele, o processo de digestão e, sobretudo, como ele acaba costuma nos fazer tristes, alegres, taciturnos, falantes, morosos ou melancólicos sem que percebamos e, acima de tudo, sem que possamos evitar. Assim, Brillat-Savarin distingue três categorias de homens: os regulares, os reservados e os relaxados.

O livro contém aforismos que para sempre ficarão vinculados à figura de Brillat-Savarin, como "Uma sobremesa sem queijo é como uma bela mulher a quem falta um olho" ou "A descoberta de um novo prato é mais profícua à humanidade do que a descoberta de uma nova estrela", e este, particularmente charmoso: "Convidar alguém é encarregar-nos de sua felicidade durante o tempo que estiver sob nosso teto". Ele também estuda os sentidos, acrescentando aos cinco já conhecidos, um sexto: o *génésique* ou amor físico, que, a seu ver, precisa ser diferenciado do tato. Então, mostra como o homem primitivo comia de forma bruta sem verdadeiramente sentir o gosto. Aos poucos, suas sensações, por meio de julgamento, comparações, reflexão, tornaram-se cada vez mais refinadas a ponto de ele ser capaz de apreciar a boa comida da mesma maneira que se aprecia uma obra de arte.

A segunda parte contém outras doze meditações, começando por uma sobre sonhos. Para ele, a comida influencia o estado de espírito do homem, sua imaginação, suas percepções, seu julgamento e sua mente. Ele acreditava que certos legumes ou carnes provocam sonhos constituídos por lembranças dos sentidos, essenciais ao homem. As outras meditações cobrem uma ampla gama de assuntos como jejum, fadiga, morte, história, filosofia e mitologia da cozinha, donos de restaurantes e até uma análise bastante interessante e moderna sobre a obesidade. A última parte do livro, chamada "Variedades", mescla anedotas sobre comida e pessoas de sua época num retrato impressionista da sociedade em que ele vivia.

Em *A fisiologia do gosto* – um marco na história da cozinha –, Brillat-Savarin mostrou de forma brilhante como a gastronomia está vinculada não somente à culinária como também à história natural, à física, à química, à saúde, ao comércio e à economia. De fato, ela regula toda a vida de um homem.

Prato de queijos, Le Benaton, Beaune, Borgonha

Guloseimas para o café, Le Benaton, Beaune, Borgonha

O SEGUNDO IMPÉRIO

O Segundo Império francês, com a ascensão de Napoleão III ao poder, começou como um período de progresso industrial com a chegada da eletricidade e do gás doméstico, trazendo conforto e prosperidade e favorecendo o nascimento de uma classe média mais rica, que apreciava a boa comida. Embora Napoleão III não fosse um gourmet, ele gostava de suntuosos jantares com etiqueta. Nos restaurantes parisienses, os chefs rivalizavam em excelência. Um deles, Jules Gouffé, discípulo do grande Carême, tornou-se famoso por sua culinária decorativa. Todos os seus pratos eram construções complexas e espetaculares. Os restaurantes e as *brasseries* da Margem Esquerda ficaram na moda e abriam até tarde para atrair novos clientes. Originalmente, as *brasseries* – cujo nome vem do verbo "*brasser*", misturar malte e água –, que datam do final do século XVII, eram lugares em que se podia beber cerveja. Então, passaram a oferecer pratos simples e tradicionais da culinária francesa. Hoje, as *brasseries* parisienses ainda mantêm seu charme com mesas de madeira cobertas com toalhas brancas e garçons vestidos em traje branco e preto.

A população francesa aumentara consideravelmente, e Paris viu sua população chegar a 2 milhões de habitantes. No centro da capital, a primeira pedra do futuro grande mercado, Les Halles, foi posta. Em 1854, o açougueiro Baptiste-Adolphe Duval inventou um novo tipo de restaurante: um voltado para os pobres. Ele servia o *bouillon*, um caldo de carne cozida e legumes e propunha um cardápio simples por um preço bem em conta. Os clientes se sentavam numa mesa comum. O serviço era simples, porém decente. Ele fez fortuna e muitos copiaram sua ideia: o restaurante Chartier, fundado em 1896 em Paris, ainda funciona segundo o mesmo princípio.

Graças às viagens de trem, o intercâmbio entre a capital e o interior da França se tornou mais frequente, e os parisienses descobriram novas verduras e também os cogumelos, que começaram a ser cultivados nos subúrbios de Paris e foram chamados de *champignons de Paris*. Contudo, a culinária regional manteve suas especificidades.

UMA BREVE HISTÓRIA DA CULINÁRIA FRANCESA

Em julho de 1870, Napoleão III declarou guerra à Prússia. Dois meses depois, foi feito prisioneiro, e o exército prussiano cercou Paris até o final de janeiro de 1871 – tempo suficiente para que a população sofresse de fome e fosse obrigada a comer gatos, cães e ratos. Isso não foi o fim da tragédia: o movimento de protesto La Commune, do qual parte da população parisiense participou, acabou pouco mais de dois meses depois em um banho de sangue.

Em 18 de agosto de 1884, um banquete em homenagem aos prefeitos da França foi conduzido pelo presidente Sadi Carnot em Paris: 11.282 representantes foram convidados. Em 1900, um segundo *banquet des maires* [banquete dos prefeitos] com quase o dobro de convidados (22.295!) foi organizado no jardim das Tuileries. Uma refeição gigantesca foi servida por 1.800 *maîtres d'hôtel*, 3.600 garçons e cozinheiros. Os convidados consumiram 2.400 quilos de carne de vaca, 2.430 quilos de faisão, 2.000 quilos de salmão, 2.700 quilos de pato e 2.500 quilos de frango, no que somente diz respeito às carnes, e 50.000 garrafas de vinho, sem contar o champanhe. Em 1889, ocorreu a Exposição Universal, ocasião em que foi erguida a Torre Eiffel e que consagrou a arte da culinária francesa apresentada nos pavilhões, restabeleceu a imagem de Paris e foi um dos principais marcos da Belle Époque. A prosperidade estava de volta.

Paris se tornou definitivamente a capital da gastronomia, na frente de Lyon, com 1.500 restaurantes, 2.900 hotéis, 2.000 cafés-brasseries e 1.200 comerciantes de vinho. Desde o fim do Segundo Império, na casa das famílias burguesas um cômodo era reservado para as refeições, a sala de jantar, e pelo menos um cozinheiro e uma criada serviam à mesa dos mestres. A sociedade mundana de Paris adotou o costume inglês do chá das cinco, embora a bebida não fosse muito popular na França. Quando apareceu no país, foi quase sempre usado como medicinal, enquanto na Inglaterra e na Holanda teve sucesso imediato. Balzac, o grande romancista francês, costumava dizer que o chá deixava as mulheres mal-humoradas, que as fazia ficar pálidas, doentes, tagarelas, aborrecidas e pregadoras; ele era um grande consumidor de café.

Entretanto, por causa dessa "anglomania", a palavra "bar" substituiu a palavra "buvette" – em referência à barra de cobre onde quem sentava no balcão de um café apoiava os pés. As *brasseries* começaram a ter muito sucesso, como Wepler ou La Brasserie Universelle. Entre os mais procurados no começo do século passado, estavam Le Café Anglais, Maxim's, Voisin... e Le Grand Hôtel, um dos melhores para banquetes e grandes jantares graças ao talento de certo Escoffier.

Carpaccio de polvo, Vale do Loire

Cassoulet, Hôtel de France, Castelnaudary, Gasconha

Escoffier,
o general da cozinha

Considerado por muitos como o maior chef de todos os tempos, Georges Auguste Escoffier ganhou fama mundial ao se tornar chef de cozinha, a convite de César Ritz, do Grand Hôtel de Monte Carlo e dos hotéis Savoy e Carlton, em Londres. Escoffier reformou a elaborada *grande cuisine* criada por Carême no começo do século XIX, procurando simplificá-la e torná-la mais requintada. Ao reorganizar o trabalho nas cozinhas e melhorar as condições de trabalho, ele ajudou a aprimorar o nível da profissão.

Escoffier nasceu na região da Provence em outubro de 1846. Até os 12 anos, frequentou a escola local. Descobriu que tinha talento para desenhar e parecia ter vocação artística, mas seu pai considerava a arte como um lazer e achou mais importante que o filho aprendesse a lidar com negócios. Entretanto, Escoffier acabou tomando a decisão de se dedicar à cozinha.

Anos depois, o pai de Escoffier o enviou a Nice onde seu tio havia aberto "Le Restaurant Français". Lá, trabalhou como aprendiz de cozinha e aprendeu a selecionar e comprar os alimentos certos e também a dar assistência na organização geral do trabalho. Nunca se esqueceu da estrita disciplina dessa primeira formação.

Quando fez 19 anos, o dono de Le Petit Moulin Rouge, famoso restaurante de Paris, reparou nele durante uma estadia em Nice e logo o convidou para entrar em sua equipe. Assim, tornou-se *commis rôtisseur* (assistente do chef encarregado das carnes assadas ou cozidas) e depois *saucier* (chef encarregado dos molhos).

Durante a guerra franco-prussiana, foi chef do quartel-general do Exército do Reno em Metz. A experiência no exército lhe ensinou a importância de preservar os alimentos e, assim, ele começou a estudar métodos de enlatar carnes, legumes e molhos. Após a guerra, voltou a trabalhar em Le Petit Moulin Rouge, desta vez como chef. Lá, recebeu muita gente famosa e convidados como o futuro rei da Inglaterra Eduardo VII (então príncipe de Gales) e a atriz Sarah Bernhardt.

Em 1876, ele abriu seu próprio restaurante em Cannes, Le Faisan Doré. No inverno de 1884, o famoso hoteleiro suíço César Ritz convidou Escoffier para ser chef do Grand Hôtel em Monte Carlo e logo depois do Hôtel National em Lucerna, na Suíça. Assim começou uma longa e frutífera colaboração entre ambos os homens no mundo dos hotéis de luxo. Mais tarde, César Ritz seria chamado para gerenciar o Savoy de Londres, do qual Escoffier ia se tornar chef. O sucesso da dupla ultrapassou todas as expectativas. Essa famosa parceria levou à criação e ao desenvolvimento de muitos dos famosos hotéis de luxo, entre os quais o Savoy e o Carlton de Londres, Le Grand Hôtel em Roma, e os hotéis Ritz de Paris, Londres, Nova York e Montreal.

De 1890 a 1920, Escoffier serviu as pessoas mais famosas no mundo nesses prestigiosos hotéis. Para dar conta do trabalho, Escoffier desenvolveu o sistema de brigada. Como chef dos hotéis, ele enfrentava o desafio de ter que servir pratos rapidamente para a clientela e percebia que a movimentação da equipe era ineficiente. No intuito de aperfeiçoar a eficiência, ele organizou a cozinha em hierarquia estrita de autoridade, responsabilidade e função. Havia o chef executivo, o chef de cozinha, o subchefe, os chefs subordinados de "parties" (equipes) – ajudados por chefs assistentes e aprendizes – responsáveis pelas diferentes seções ou estações. A cozinha era separada em várias estações: a *saucierie* (seção dos molhos), a *poissonnerie* (seção dos peixes), a *rôtisserie* (seção das carnes), o *garde-manger* (despensa de comidas frias), a *pâtisserie* (confeitaria e sobremesas) e o *entremétier* – seção em que sopas, legumes e ovos eram preparados como guarnição. Hoje, a maior parte dos restaurantes utiliza uma estrutura simplificada da brigada de cozinha de Escoffier.

Dando muita atenção à limpeza, ele exigia o mesmo por parte de sua equipe e contribuiu à melhoria das condições de trabalho nas cozinhas, proibindo xingamentos e violências físicas que, na época, eram fatos comuns no ambiente das cozinhas. Ele dirigiu a cozinha do Carlton com equipe de seis cozinheiros organizados de maneira a poder servir cardápios *à la carte*, algo que, na época, era novidade no hotel de Londres.

Em 1912, ele organizou um "Dîner d'Épicure" (jantar de Epicuro) no Cecil Hotel em Londres. O mesmo cardápio, escrito em francês, foi servido ao mesmo tempo em 37 cidades da Europa. Em 1913, foi encarregado da supervisão das cozinhas a bordo do "Imperator", um dos maiores transatlânticos da época, durante a visita do Kaiser Guilherme II à França. Segundo uma lenda, Guilherme II lhe teria dito "Sou o imperador da Alemanha, mas você é o imperador dos chefs".

Embora vivesse em um mundo de luxo, Escoffier era ciente dos problemas sociais da época. Durante a vida toda, fez questão de ajudar os cozinheiros em dificuldades e suas famílias e, em 1910, publicou um *Projet d'assistance mutuelle pour l'extinction du paupérisme* [Projeto de assistência mutual para a extinção da pobreza].

Embora Escoffier tenha escrito livros de culinária com regularidade, é importante destacar sua obra-chave, *Le guide culinaire*, publicada em 1903, até hoje considerado livro de referência por muitas escolas de cozinha. Com 5.000 receitas, tornou-se a bíblia da culinária moderna para muitos chefs profissionais e serve à educação das mais jovens gerações de cozinheiros. Inspirando-se na obra de Marie-Antonin Carême, Escoffier simplificou as receitas, usando menos especiarias e molhos pesados. Costumava dizer "simplifiquei tudo".

Também fundou *Le Carnet d'Épicure*, revista mensal, publicada de 1911 a 1914. Seus livros de receitas *Livre des menus* e *Ma cuisine* foram publicados em 1912 e 1934, respectivamente, este último com 2.500 receitas francesas básicas.

A Fondation Auguste Escoffier foi criada em 1966 por amigos e colegas que haviam trabalhado com o chef francês nos hotéis Savoy e Carlton em Londres. Dirigida por seu bisneto, Michel Escoffier, a fundação se dedica à preservação de seu legado. Um museu, localizado na casa em que nasceu, enfoca a história e a divulgação das artes culinárias. Cerca de mil livros e revistas, utensílios de cozinha e uma coleção de antigos cardápios estão expostos.

Auguste Escoffier deixou um imenso legado que ainda é prezado por chefs profissionais e gourmets do mundo todo. Ele criou cerca de 10.000 receitas e fundou instituições de culinária como a famosa escola Ritz Escoffier, que ainda ensina seus métodos. Aos 73 anos, Escoffier se aposentou em Monte Carlo, onde morreu em 1935, aos 89 anos.

Pêssego Melba

Auguste Escoffier criou esta sobremesa em 1899 no Carlton de Cannes, em homenagem a uma famosa cantora de ópera, a australiana Nellie Melba. Ela se hospedou no Savoy de Londres e cantou na casa de ópera de Covent Garden. Escoffier era um dos seus fervorosos admiradores. Inspirando-se no majestoso cisne que aparecera no palco em uma montagem da ópera *Lohengrin*, de Wagner, Escoffier serviu em um jantar para os amigos de Nellie uma sobremesa de pêssegos sobre um leito de sorvete de baunilha, apresentada em um prato de metal, disposta entre duas asas de cisne esculpidas em um bloco de gelo e coberta por uma fina camada de açúcar de confeiteiro. Ele modificou a sobremesa para a inauguração do hotel Carlton em 1900, do qual era o chef principal, substituindo o cisne de gelo pela calda de framboesa.

Para preparar esta famosa receita em casa, é fácil:

Ingredientes
1½ xícara (chá) de água
1¾ xícara (chá) de açúcar
algumas gotas de essência de baunilha
suco de 1 limão
4 pêssegos com casca cortados ao meio sem caroço
1½ xícara (chá) de framboesas frescas ou congeladas
2 a 3 colheres (sopa) de açúcar de confeiteiro
sorvete de baunilha para acompanhar

Preparo
Em uma panela, aqueça a água, o açúcar, a baunilha e metade do suco de limão. Quando ferver, coloque os pêssegos com o lado cortado para baixo e cozinhe por 2 a 3 minutos. Vire com cuidado e deixe mais 3 minutos. Retire os pêssegos da panela, remova a casca e reserve.

Bata no liquidificador as framboesas, o açúcar de confeiteiro e o restante do suco de limão até obter uma calda e peneire.

Para servir, arrume duas metades de pêssego num prato, coloque uma bola de sorvete ao lado e regue com a calda de framboesas.

Linguini de tinta de lula,
Hotel U Capu Biancu, Bonifácio, Córsega

Salada de lagosta e cítricos,
Hotel U Capu Biancu, Bonifácio, Córsega

OS ANOS LOUCOS

Como em qualquer outro período de guerra, o abastecimento de alimentos durante a Primeira Guerra Mundial foi muito complicado, especialmente nas grandes cidades em que cada porção de terra foi transformada em horta. Em Paris, em 1917, as mais bonitas cenouras cresciam no Jardim do Luxemburgo e as melhores couves perto da Biblioteca Nacional. Houve racionamento de pão. Dois séculos e meio após Parmentier, as pessoas voltaram a experimentar fazer pão com batata. Na frente, as "roulantes", um tipo de cantina móvel, eram usadas para alimentar os soldados.

No fim da guerra, a França renasceu e estava pronta para comer, beber e dançar em restaurantes e cabarés. Foram *les années folles*, os anos loucos. Luxuosos trens internacionais, como o Expresso do Oriente totalmente renovado em 1922, atraíam ricos consumidores.

Após a Primeira Guerra Mundial, dois chefs dominaram o mundo da alta culinária: Escoffier, como vimos antes, e Prosper Montagné, infelizmente hoje um tanto esquecido.

Montagné e Curnonsky,
o cozinheiro e o escritor

Mesmo que tenha começado mal e acabado mal, a carreira de Prosper Montagné foi muito próspera. Nascido no ano de 1865 em Carcassonne, cidade famosa pelo *cassoulet*, um cozido à base de feijão-branco e carnes como porco, carneiro, linguiça e até perdiz, Prosper Montagné queria estudar arquitetura e pintura. Após uma má experiência como aprendiz no hotel de seu pai, o jovem Montagné deixou sua cidade e foi aprender a arte de cozinhar em prestigiosos hotéis de Paris e Monte Carlo. Em 1907, dedicou-se a escrever livros de culinária, mas sua mais importante contribuição foi sua colaboração junto ao Dr. Gottschalk na primeira edição do *Larousse culinaire*, em 1938, importante referência enciclopédica sobre gastronomia, sua história e as técnicas culinárias. O prefácio foi escrito por Escoffier. Montagné também escreveu muitos artigos em diferentes revistas de cozinha como *La bonne cuisine*, *La vie parisienne*, *Le gourmet*, ou *L'art culinaire*. Porém, em 1920, ele voltou aos fogões e abriu um restaurante perto do Louvre em Paris. Sua comida era excepcional e ele costumava conversar com os clientes e acabar o preparo dos pratos diante deles. Infelizmente, não era tão bom em lidar com dinheiro e impostos. Após dez anos, teve que fechar o restaurante, mas continuou transmitindo seu *savoir-faire* como palestrante e conselheiro.

De maneira a poder falar sobre chefs e difundi-los, muitos escritores e jornalistas se tornaram críticos gastronômicos, entre os quais, o "príncipe" Curnonsky. Não era um nobre russo, porém um francês chamado Maurice Edmond Sailland, que adotou o pseudônimo quando decidiu se tornar escritor. Como os nomes russos estavam na moda, ele se perguntou: "Por que não sky?", o que em latim ficou *"Cur non sky?"*, daí o nome Curnonsky!

Ele trabalhou em vários jornais e revistas e publicou muitos sucessos de vendas, entre os quais *La France gastronomique,* em 28 volumes, em que classificou a culinária francesa em quatro campos: *haute cuisine, cuisine bourgeoise, cuisine régionale* e *cuisine paysanne* [alta cozinha, cozinha burguesa, cozinha regional e cozinha do campo]. Era defensor apaixonado da cozinha do *terroir*. "*Terroir*" é uma palavra francesa interessante e importante para entender a gastronomia. O sentido da palavra, inicialmente utilizada para designar "uma porção de terra", aos poucos se estendeu às qualidades que um solo tem para que nele cresçam vinhedos. Logo foi associada ao gosto. Assim, a *cuisine du terroir* é uma maneira tradicional de cozinhar produtos autênticos oriundos de determinado território. Trata-se da verdadeira culinária regional.

Em 1923 e 1924, durante o Salon d'Automne (exposição de arte que acontece em Paris desde 1903), foram organizados oito dias de gastronomia. Chefs vindos de todas as regiões da França apresentaram sua culinária regional. Em 1939, Curnonsky repetiu a experiência e o evento aconteceu regularmente de 1949 a 1959. Também organizou os "Jours de la cuisine lyonnaise" [dias da culinária de Lyon], celebrando o talento das "Mães", essas famosas cozinheiras de famílias burguesas que haviam criado seus próprios restaurantes em que tradição rimava com simplicidade e qualidade. Em 1934, Curnonsky chegou a chamar Lyon de "capital da gastronomia". Um ano antes, "la mère Brazier", Eugénie Brazier, grande chef, obtivera três estrelas no guia Michelin. Mais tarde, seu aprendiz, Paul Bocuse, obteve a mesma alta distinção.

Em 1926, Curnonsky foi eleito "Príncipe dos gastrônomos", após um grande referendo junto a donos de restaurantes e albergues, cozinheiros e exímios gourmets. Julia Child lembrou que 27 dos mais importantes restaurantes de Paris tinham pequenas placas de latão com o nome de Curnonsky gravado nelas. Eram colocadas nos melhores assentos de cada estabelecimento. Todas as vezes que Curnonsky estava a fim, ligava e dizia "Le Grand Véfour" (em alusão ao restaurante que remete à época áurea do Palais Royal, da Revolução até o fim do Império; aberto em 1820 por Jean Véfour no local antes ocupado pelo Café de Chartres, ele ainda permanece no mesmo endereço). Seu lugar era automaticamente reservado e a refeição lhe era servida sem custo nenhum. Curnonsky morreu tragicamente ao cair da janela de seu apartamento. Suicídio ou acidente, até hoje o mistério persiste.

Contudo, a França não se limitava a Paris ou Lyon. Com o desenvolvimento dos meios de transporte, os "gastronômades" descobriram bons endereços, especialmente ao longo da estrada que vai de Paris à Costa Azul, a mítica "Route Nationale 7", cantada pelo cantor e compositor francês Charles Trenet.

O croque-monsieur e o croque-madame

Qual é a diferença entre o *croque-monsieur* e o *croque-madame*? Ambos os sanduíches, parentes do misto-quente brasileiro, são servidos em cafés, bares ou *brasseries* (cervejarias). A montagem dos dois é feita com pão de fôrma, presunto quente e queijo derretido; depois são fritos na manteiga, porém o *croque-madame* vem com um ovo estrelado por cima. "*Croque*" quer dizer "morde"; "*monsieur*" é "senhor" e "*madame*", "senhora". Até hoje, o motivo da junção dessas palavras permanece um mistério, assim como a origem do prato. Uma das versões conta que alguns operários franceses teriam deixado um sanduíche sobre o aquecedor enquanto trabalhavam. O queijo derreteu por causa do calor e o resultado foi uma agradável surpresa.

O nome do cozinheiro que reproduziu e melhorou a receita, ninguém sabe. O *croque-monsieur* apareceu pela primeira vez no cardápio de um café no Boulevard des Capucines, em Paris, em 1910. O romancista francês Marcel Proust mencionou o *croque-monsieur* em *À sombra das raparigas em flor*, segundo volume da obra *Em busca do tempo perdido*, publicado em 1919; o mesmo Proust foi quem imortalizou a *madeleine*, pequeno bolo macio em típica forma de concha cujo nome homenageia Madeleine Paulmier, cozinheira do século XVIII. Ao molhar uma *madeleine* no chá, lembranças da infância de Proust vieram à tona, e a descrição delas é uma das passagens mais famosas da literatura mundial.

Para fazer esse sanduíche típico francês em casa, eis uma receita simples e fácil, que usa ingredientes disponíveis em qualquer boa padaria.

Ingredientes
2 fatias de pão de fôrma branco
½ colher (sopa) de mostarda de Dijon (opcional)
1 fatia de presunto
1 fatia de queijo gruyère ou emmenthal
2 colheres (sopa) de molho branco ou bechamel
2 colheres (sopa) de queijo gruyère ou emmenthal ralado

Preparo
Toste as duas fatias de pão e, se quiser, passe mostarda em uma delas. Cubra com o presunto e o queijo e coloque na assadeira. Despeje o molho branco por cima e polvilhe o queijo ralado. Leve ao forno para gratinar por dez minutos. Para fazer o *croque-madame*, basta acrescentar um ovo frito sobre o sanduíche gratinado assim que for retirado do forno.

O que pneus e um guia gastronômico têm em comum?

Um homem chamado André Michelin! Dono de uma fábrica de pneus, em 1900, André Michelin imaginou criar um guia para os motoristas que viajavam pela França, no qual listaria postos de gasolina, mecânicos, acomodações e restaurantes ao longo das estradas. Quanto mais viajassem, mais iam gastar pneus e comprar novos! O guia era de graça. O capítulo dedicado a acomodações e restaurantes tornou-se tão popular que, em 1920, Michelin resolveu dar enfoque ao assunto. Contratou fiscalizadores que visitavam e avaliavam os lugares anonimamente. O guia não era mais grátis. Custava 7 francos.

Em 1926, criou-se a "estrela da boa mesa". Mais tarde, em 1931, duas outras estrelas foram acrescentadas e, em 1936, surgiu a definição das estrelas, ainda em vigor até hoje: * "Muito boa mesa em sua categoria"; ** "Excelente cozinha, merece uma visita"; *** "Cozinha excepcional, vale a viagem".

Os critérios eram e ainda são a qualidade dos produtos, a "personalidade" e a criatividade da comida, a excelência do sabor e do preparo, a consistência em termos de qualidade e o preço cobrado. Usavam-se símbolos para classificar hotéis e restaurantes.

Hoje, o *Guide Rouge Michelin* ainda é sucesso de vendas e o sistema de avaliação por estrelas é o mais reconhecido no mundo da culinária da Europa Ocidental. Sua influência é tão grande que ganhar uma estrela é uma bênção enquanto perder uma pode provocar verdadeiras tragédias. Todos os grandes restaurantes esperam ansiosamente a publicação anual.

Em 24 de fevereiro de 2003, o mundo da gastronomia descobriu chocado o suicídio de Bernard Loiseau, chef cujo restaurante tinha três estrelas. Tratava-se de um novo caso Vatel na história da cozinha francesa? Os críticos gastronômicos e o sistema de avaliação foram apontados como responsáveis por terem levado Loiseau ao desespero. De fato, uma semana antes de sua morte, o guia Gault&Millau reduzira sua nota de 19/20 para 17/20 e pairavam rumores segundo os quais ele estava prestes a perder uma estrela no Guia Michelin (algo que de fato não aconteceu). Bernard Loiseau estava entre os melhores chefs franceses premiados por seu restaurante La Côte d'Or em Saulieu, na Borgonha. Era um trabalhador incansável tão perfeccionista e tão obcecado pela excelência que esse fato talvez tenha contribuído ao seu gesto fatal.

COZINHAR NA TV

Após a Segunda Guerra Mundial e as privações que deixaram marcas indeléveis em toda uma geração de franceses, a indústria alimentícia se desenvolveu rapidamente, embora os franceses ainda preferissem a comida caseira e selecionassem os melhores produtos, criando "selos de qualidade". Em fevereiro de 1950, uma grande feira de utilidades domésticas atraiu milhares de parisienses. As novas geladeiras fizeram muito sucesso, contudo, os primeiros congeladores entraram nos lares da França somente em meados dos anos 1960. Na TV, Raymond Oliver, dono e chef do restaurante Le Grand Véfour, ensinava receitas às donas de casa em um programa semanal dedicado à cozinha chamado *Art et Magie de la Cuisine*, que durou catorze anos, transformando-o em chef-estrela. Do outro lado do Atlântico, sua semelhante americana, a inesquecível Julia Child, fez com que seus conterrâneos descobrissem as sutilezas da culinária francesa.

Julia Child nasceu em 1912 na Califórnia, formou-se no Smith College e trabalhou para o Office of Strategic Services (OSS; em português, Agência de Serviços Estratégicos) durante a Segunda Guerra Mundial. Em 1948, mudou-se para Paris com seu marido. Naquela época não falava uma só palavra de francês. Apaixonou-se por "La Belle France", como costumava dizer, e começou a seguir aulas no Cordon Bleu, famosa escola de cozinha de Paris que ainda existe e se desenvolveu no mundo todo. Em 1952, abriu sua própria escola com duas amigas francesas, L'École des Trois Gourmandes e, em 1961, escreveu o primeiro volume de *Mastering the Art of French Cooking*, sucesso de vendas que foi seguido por um segundo volume em 1971.

Em 1962, deu início ao programa televisivo *The French Chef* em um canal de TV de Boston. Sua primeira demonstração da maneira de cozinhar omelete lhe trouxe um sucesso imediato. O programa durou dez anos e recebeu vários prêmios como o Peabody e o Emmy. O estilo de Julia Child era ímpar: a maneira não afetada de explicar e preparar as receitas, o entusiasmo e a voz cantarolante encantaram o público. No livro *The French Chef Cookbook,* ela publicou várias receitas apresentadas no programa.

Nos anos 1970 e 1980, participou de vários programas de TV e, em 1981, fundou o American Institute of Wine and Food com alguns vinicultores. *The Way to Cook*, livro e série de vídeos educativos, completaram seu trabalho em 1989. Foi condecorada com a Légion d'Honneur da França, distinção dada a quem prestou serviços altamente valiosos à nação francesa. Morreu dois dias antes de completar 92 anos.

O interesse pela culinária de Julia Child reviveu graças ao sucesso do filme de 2009 *Julie e Julia*, com Meryl Streep. Foi então que os franceses entenderam o que essa enérgica americana fizera para a fama da cozinha francesa nos Estados Unidos.

Julia Child apreciava a boa comida francesa clássica que satisfaz a alma e o corpo, "Um dos mais simples e agradáveis prazeres da vida", como costumava dizer... Longe da sofisticada Nouvelle Cuisine.

A NOUVELLE CUISINE

Eram os anos 1960. Um rastro de rebelião abalava a ordem estabelecida. Em maio de 1968, os estudantes, aos quais logo se juntaram os trabalhadores, manifestavam-se nas ruas. A *nouvelle vague* [nova onda] inventava um novo jeito de filmar. Autores como Alain Robbe-Grillet experimentavam novas formas de escrever. Novo cinema, novos romances... e nas cozinhas, a revolução também estava borbulhando.

Os três rebeldes responsáveis por contestar os *diktats* conservadores do guia Michelin eram André Gayot, Henri Gault e Christian Millau. Mais tarde, o primeiro ia publicar uma série de guias, conhecidos como guias Gayot, atribuindo pontos numa escala de 0 a 20, concentrando-se apenas na comida dos restaurantes com rápido comentário sobre a decoração, o serviço, o ambiente e a lista de vinhos. Hoje, os guias Gayot ainda

VIAGEM GASTRONÔMICA À FRANÇA

publicam a lista dos 40 melhores restaurantes dos Estados Unidos. No que diz respeito aos seus dois amigos, Gault e Millau, eles começaram a escrever e publicar crônicas gastronômicas no jornal *Paris Presse*. Em 1962, uma seleção dessas matérias foi compilada em formato de guia, o guia Julliard, com grande sucesso. Sete anos depois, os dois jornalistas conseguiram financiar a publicação do guia Gault&Millau, concorrente do guia Michelin. A ideia era descobrir novos hotéis e restaurantes com foco na originalidade e na criatividade. Foi assim que descobriram o chef Paul Bocuse, que sabia transformar uma simples salada em obra de arte, ou os irmãos Troisgros, de Roanne, que propunham saborosas e frescas pernas de rã preparadas poucos minutos antes de serem servidas. Simples e natural, duas qualidades que iam renovar a culinária francesa. "O verdadeiro talento é ser simples, e isso é o mais complicado", gostava de repetir Millau.

Em um artigo publicado em 1973, Gault e Millau estabeleceram os dez mandamentos dessa nova tendência chamada Nouvelle Cuisine:

1 *Não cozinharás demasiadamente os alimentos.* O peixe deve ser pouco cozido, os legumes devem permanecer crocantes de maneira que mantenham seu gosto natural.

2 *Utilizarás produtos frescos e de boa qualidade.* Não se trata de verdadeira novidade para os chefs que se prezam.

3 *Tornarás teu cardápio mais leve.* Não é necessário ter muitos pratos. Comer menos, porém comer melhor: as porções foram reduzidas. A qualidade era mais importante que a quantidade. O cardápio foi adaptado para os produtos frescos encontrados na feira de manhã.

4 *Não serás sistematicamente modernista.* Isto é, não rejeite ou despreze o que os séculos passados lhe ensinaram.

5 *Entretanto, procurarás o que as novas técnicas podem lhe trazer.* Novos utensílios como liquidificadores, máquina de sorvete, panelas antiaderentes, fornos de micro-ondas devem ser usados e aumentam os recursos da cozinha.

UMA BREVE HISTÓRIA DA CULINÁRIA FRANCESA

6   *Evitarás marinadas, maturações, fermentações, etc...* Os produtos frescos devem ser cozidos logo antes de serem servidos. A Nouvelle Cuisine é uma volta à natureza.

7   *Eliminarás os molhos ricos.* Leveza, sempre leveza! As ligações com farinha são descartadas em prol a molhos leves com ervas, especiarias, essências, infusões e suco de limão. As musses e musselines dão a desejada sensação de leveza.

8   *Não ignorarás a dietética.* O consumidor ficou ciente da importância da comida para a saúde, querendo se manter esbelto ao mesmo tempo em que aprecia comer. Os cozinheiros começaram a preparar pratos ao vapor, *en papillotes* (cozidos embrulhados em papel-manteiga ou em folha de alumínio), no banho-maria ou até grelhados, de forma a cozinhar respeitando o sabor original dos alimentos e conservando vitaminas e minerais.

9   *Não intrujarás em suas apresentações.* Autenticidade é a palavra-chave.

10 *Serás inventivo.* A inventividade na composição dos pratos ao associar novos sabores junto com a inventividade no requinte dos arranjos: cada prato precisava ser uma obra de arte, com suas próprias cores e formas, para o prazer dos olhos. Os pratos eram preparados individualmente, trazidos cobertos por uma tampa prateada para provocar um efeito de surpresa quando as tampas eram levantadas em perfeito sincronismo. Um verdadeiro espetáculo. A inventividade também reinava na descrição de cada prato.

O precursor da Nouvelle Cuisine foi Fernand Point (1897-1955), verdadeiro pioneiro e primeiro chef a obter três estrelas no guia Michelin em 1933, graças à comida que servia em seu restaurante La Pyramide de Vienne, cidade ao sul de Lyon, considerado um dos melhores do mundo! Em busca permanente de equilíbrio, simplicidade e requinte, também era atento à harmonia e ao conforto do ambiente para a alegria de sua clientela. Serviu de inspiração a Paul Bocuse, que trabalhou em seu restaurante nos anos 1950, e igualmente a Alain Chapel, o grande chef da cozinha lyonnaise contemporânea que lá também trabalhou.

O outro nome vinculado à Nouvelle Cuisine é Michel Guérard, que contribuiu ao seu desenvolvimento e à sua popularização. Em seu restaurante de Asnières, nos arredores de Paris, ele conquistou ampla fama com sua cozinha nova e leve, revisitando antigos pratos como o *pot-au-feu* (literalmente, "pote no fogo"; prato de inverno muito tradicional, é um tipo de cozido à base de legumes e carnes, cujo saboroso caldo costuma ser servido separadamente), nome que deu ao seu estabelecimento. Em 1974, mudou-se para as Landes, região ao sul de Bordeaux. Seu interesse por dietética crescendo, ele abriu um spa em Eugénie-les-Bains. As águas termais têm ação fisiológica e terapêutica. Lá, ele inventou a "cuisine minceur" ["cozinha magra"] para ajudar as pessoas a perder peso ao mesmo tempo em que apreciam a excelência de uma cozinha requintada. Seus dois livros, *A nova cozinha que não engorda* e *La cuisine gourmande,* foram sucessos de vendas traduzidos em doze idiomas. Em seguida, Michel Guérard criou pratos congelados vendidos nos supermercados. Assim, a "Grande Cuisine" entrava nos lares.

Paul Bocuse, o outro mestre da Nouvelle Cuisine, foi o primeiro a exportá-la, notavelmente para os Estados Unidos, em Nova York, cidade particularmente receptiva graças a sua sede por novidades. Então, o movimento se espalhou no mundo todo. Outros grandes chefs marcaram os anos 1980, tais como Roger Vergé, Alain Senderens, os irmãos Troisgros e Alain Chapel.

Entretanto, quando praticada por chefs menos talentosos, às vezes a Nouvelle Cuisine se tornou caricata e sujeita à controvérsia: o tempo de cozimento reduzido a quase zero, algumas combinações de ingredientes por demais excêntricas, a porção pequena demais como se fosse uma amostra, nomes de pratos tão extravagantes que soam ridículos como, por exemplo, *Aiguillette* de galinha-d'angola com compota de pétalas de agrião. Por causa desses abusos, o termo "Nouvelle Cuisine" se tornou depreciativo nos anos 1980.

Hoje, não há como negar que a Nouvelle Cuisine revolucionou profundamente para melhor a maneira de comer e cozinhar: busca da simplicidade, do frescor e da leveza dos alimentos cozidos com preocupação dietética.

OUTRA REVOLUÇÃO
OU APENAS TURBULÊNCIA?

Os anos 1980 e 1990 viram a eclosão de muitos talentos notáveis, entre os quais Marc Veyrat, Pierre Gagnaire, Guy Savoy e Alain Ducasse, claramente influenciados pela Nouvelle Cuisine. Os chefs se tornaram estrelas e exportaram a cozinha francesa para o mundo todo. Vários se transformaram em bem-sucedidos homens de negócios, abrindo restaurantes em vários lugares, dando seu nome a produtos comerciais – como Gérard Pangaud, o mais jovem chef a ter recebido duas estrelas no guia Michelin (aos 28 anos) que se estabeleceu nos Estados Unidos, abriu restaurantes em Nova York e Washington e, em 2006, tornou-se diretor da Académie de Cuisine. Porém, outra revolução estava por vir: a cozinha molecular. Que palavra terrível. Parece ficção científica, algo nascido no cérebro de algum cientista louco. Não estamos longe disso.

Num dia de 1985, um cientista húngaro de Oxford e ocasionalmente de universidades americanas, chamado Nicholas Kurti, encontrou Hervé This, físico e químico francês junto ao INRA (Instituto Nacional da Pesquisa Agronômica). Além de serem cientistas, ambos os homens tinham uma paixão em comum: a comida e cozinhar. A troca de ideias tornou-se frutífera colaboração da qual nasceu uma nova área: "a gastronomia física e molecular", rebatizada "gastronomia molecular" após a morte de Kurti em 1998.

Uma boa definição da gastronomia molecular seria uma observação de fenômenos que acontecem ao macerar, caramelizar, selar, etc. Uma curiosidade louca por experimentações sobre a reação química entre ingredientes. A busca constante por respostas a perguntas como: quando se mistura a gema de ovo, que é líquida, ao óleo, que também é líquido, obtém-se uma emulsão (maionese) que é sólida. Por quê? Como as bolhas se formam no champanhe? Qual a temperatura ideal para cozinhar ovos na água? E também questões mais profundas como: de que modo funcionam as papilas da língua e como o cérebro interpreta os sinais? Como funcionam o gosto e o olfato?

Agora entendemos que a gastronomia molecular foi uma abordagem totalmente nova: a arte culinária se tornou ciência. A gastronomia foi estudada com as ferramentas científicas da química e da física, de maneira a dominar as texturas, e a biologia, a entender a fisiologia do gosto (algo que lembra Brillat-Savarin!) e melhorar os tempos de cozimento, a história aprendida com o *savoir-faire* dos antecessores, com psicologia e sociologia, para melhor entender o gosto do consumidor. Até então, a ciência alimentícia havia explorado campos, desde a agricultura até o comportamento do consumidor, da conservação até as qualidades nutricionais dos alimentos, mas principalmente em uma escala industrial, enquanto a gastronomia molecular entrava na vida do dia a dia... e chegou a ser ensinada nas escolas francesas. Assim, o Ministério Nacional da Educação promoveu "Dias de reflexão sobre as técnicas culinárias" na Universidade de La Sorbonne, Paris, em 11 e 12 de fevereiro de 2002. Entre outras coisas, também introduziu oficinas experimentais sobre o gosto nas escolas primárias.

O chef mais conhecido que aplicou os princípios da gastronomia molecular não é francês, mas espanhol, mais precisamente catalão: Ferran Adrià, considerado um dos melhores chefs do mundo. Adrià começou a carreira na cozinha lavando pratos. Após aprender a cozinha tradicional catalã e servir no exército como cozinheiro, juntou-se à equipe da cozinha do restaurante El Bulli, em uma cidade litorânea entre Barcelona e a fronteira francesa. Dezoito meses depois, tornou-se chef principal.

O restaurante de três estrelas ficava aberto apenas seis meses por ano e teve tanto sucesso que era necessário reservar mesas com um ano de antecedência. Os sortudos clientes que provaram os 25 pratos (mais precisamente 25 miniaturas) do *menu* degustação certificaram que se tratava de uma experiência inesquecível. O resto do tempo, Ferran Adrià inventava seu cardápio "vanguardista" ou "desconstrutivista", como ele gostava de chamá-lo, em seu ateliê de Barcelona. Sua meta era "obter contrastes inesperados entre sabor, temperatura e textura [...] no intuito de provocar surpresa e prazer". Sua especialidade era transformar legumes e até carne em espuma! Para tanto, ele usava uma garrafa de sifão com cartuchos de nitrogênio líquido. Vendia um conjunto a quem quisesse experimentar em casa já que o fato de cozinhar no estilo molecular requer um equipamento completo: é necessário ter ingredientes especiais como alginato de sódio, cloreto de cálcio ou gelatina e utensílios diferentes como frascos de espremer, seringas e escumadeiras.

Ferran Adrià foi criticado, acusado de colocar a saúde de seus clientes em perigo pelo uso excessivo de produtos químicos: aditivos, corantes, acidificantes, emulsificantes, gelificantes, etc. Porém, ele não dera sua última palavra. Seu restaurante fechou em julho de 2011 e será substituído em 2014 por um centro criativo de culinária e gastronomia que lhe permitirá continuar a aventura.

Na França, o mestre três estrelas da culinária molecular é Pierre Gagnaire, que colaborou em um livro com Hervé This. O título do livro é *La cuisine c'est de l'amour, de l'art, de la technique* [A cozinha é amor, é arte, é técnica], lema ao qual ele se mantém fiel em seus diversos restaurantes, seja em Paris, Londres ou Las Vegas. A seu ver, ser "bom", no que diz respeito à comida, é *"abrir um campo de emoções"*. Gagnaire, fascinado pela pintura e o jazz, "precisa pôr poesia em seus pratos", de maneira que cada um seja uma obra de arte visual e gustativa. Até pediu ao pianista canadense Chilly Gonzales que compusesse uma obra musical inspirada nos pratos e vice-versa: Gagnaire compôs pratos a partir de obras musicais.

Outro grande chef de vanguarda, ainda criança sonhava em se tornar padeiro, fascinado que era pelas padarias do bairro parisiense onde morava. Nascido em 1962, foi eleito o melhor cozinheiro do ano 2006 por Gault&Millau. Seu nome é Marx... Thierry Marx, que hoje dirige o restaurante Sur Mesure par Thierry Marx, do hotel Madarin Oriental, Paris. Essa figura incomum, com ares de Bruce Willis, foi paraquedista para as forças das Nações Unidas durante a Guerra Civil do Líbano. Também ensina judô nas horas vagas e passa três meses por ano no Japão, onde ensina na French Food Culture Center (FFCC), a mais prestigiosa escola de culinária japonesa. Conseguiu obter duas estrelas e por pouco não alcançou a terceira. Em suas mãos, produtos frescos se tornam obras de arte, e ele sabe surpreender os gourmets ao brincar com temperaturas e texturas, fazendo uso de diferentes técnicas: fusão, desidratação, emulsão e criogenização. Esse perfeccionista até desenhou sua própria louça. Em 2010, tornou-se jurado do programa de televisão Top Chef e, no mesmo ano, herói de um mangá sobre culinária molecular na revista *Sciences et Vie Découvertes*.

Sem dúvida, Marx é o chef mais anticonformista de sua geração: a seu ver *"Viajar por meio da cozinha é a maneira mais universal de encontrar os outros"*. Um cozinheiro pode se comunicar em qualquer país tão facilmente quanto um músico. Do seu ponto de vista, há de existir vínculos entre alta gastronomia e cozinha popular: a "comida de rua" tem muito para nos ensinar e a "culinária híbrida" prova ser um precioso meio de estimular a criatividade. Em Blanquefort, cidade do sudoeste da França, Marx criou o primeiro *restaurant solidaire de cuisine nomade* [restaurante solidário de cozinha nômade] em que ensina pessoas desempregadas a cozinhar. Em vez de comprar sanduíches comuns, as pessoas podem comprar, pelo mesmo preço, deliciosos lanches feitos com produtos de boa qualidade e preparados por aprendizes de cozinheiros. Também organizou incríveis eventos: cozinhar nas ruas com malabaristas, músicos e comediantes, ou um "encontro do pão" em que famílias de mais de vinte nacionalidades foram convidadas a mostrar como fazem o pão em seu país e a compartilhar sua experiência. Definitivamente, Marx é um cozinheiro "global".

E HOJE?

Estamos vivendo em um mundo global onde a internet aboliu tempo e espaço. As pessoas viajam cada vez mais, em tempo real ou virtual, descobrindo novos sabores, novos ingredientes, novas receitas. A vida moderna modificou profundamente a maneira de cozinhar e comer. As mulheres com intensa vida profissional têm cada vez menos tempo e energia para cozinhar em casa. Os alimentos congelados e os sistemas de entrega de comida pronta facilitam a vida. A indústria alimentícia oferece uma ampla variedade de pratos prontos ou congelados. O esquema de restaurantes *fast-food* responde a certas necessidades ao oferecer uma maneira mais dinâmica e barata de comer do que os restaurantes tradicionais. Os *diktats* da dietética e da magreza, o medo de doenças cardiovasculares e o colesterol instilaram um complexo de culpa em relação aos gulosos e à gula.

Entretanto, a gastronomia francesa não morreu. Mais do que nunca, os chefs franceses são admirados como verdadeiras estrelas, seja em seus próprios restaurantes, seja em programas de TV. Suas oficinas são frequentadas por profissionais e amadores, entre os quais jovens mulheres que lamentam não ter aprendido a cozinhar com sua mãe ou avó. Existe mesmo uma profunda saudade da comida da infância e das fragrâncias e dos sabores que moram em nossa memória? Isso também revela um desejo pela boa qualidade dos produtos do *terroir*, como o proclamam os defensores do movimento *slow food*? Com certeza!

A gastronomia francesa nunca esteve tão viva e aberta ao resto do mundo, vendo as culinárias estrangeiras como novas fontes de inspiração e ao mesmo tempo mantendo suas características específicas. Em 16 de novembro de 2012, um comitê de peritos da Unesco decidiu que a comida gastronômica tradicional francesa, com sua apresentação e seus rituais, preenchia as condições para entrar na lista de patrimônio oral e imaterial mundial. Hoje, os grandes chefs perpetuam essa tradição.

OS GRANDES CHEFS CONTEMPORÂNEOS

Em abril de 2013, cinco dos maiores chefs franceses criaram a denominação Restaurante de Qualidade. O selo será atribuído a restaurantes franceses que vendem apenas comida caseira e oferecem um serviço impecável aos seus clientes.

Qual a razão dessa nova classificação? E quem são os chefs capazes de julgar se um restaurante é digno de fazer parte desse novo clube?

A iniciativa surgiu a partir da observação feita por um Alain Ducasse indignado com o fato de que, entre os mais de 150.000 restaurantes franceses, três quartos só servem comida industrializada, o que é uma acusação grave no país da gastronomia. Na verdade, o cliente nem sempre sabe que lhe está sendo servida uma refeição congelada reaquecida em vez de pratos preparados na hora com ingredientes frescos. Para solucionar essa questão, os Restaurantes de Qualidade – pousadas, bistrôs ou restaurantes simples de cidades pequenas – exibirão na entrada do estabelecimento uma placa que atesta a boa qualidade dos produtos utilizados, de sua cozinha e sua hospitalidade.

Para obter esse certificado, os interessados devem se submeter ao escrutínio de um colegiado culinário francês, composto por grandes chefs. Para manter essa conquista, é preciso que 75% dos clientes confirmem a alta qualidade da cozinha por meio de uma votação na internet. Com essa iniciativa, os grandes chefs pretendem zelar pela excelência da culinária francesa, da mesma forma que as academias de letras defendem os idiomas.

Esses grandes chefs, que, vestidos com dólmã e toque brancos, deixaram seu ambiente de trabalho para ir ao salão conversar com seus clientes, certamente merecem esse título. Todos eles têm em comum uma paixão implacável, uma tremenda capacidade de trabalho e um desejo insaciável de perfeição. A maior parte deles herdou gosto e talento ao aprender a cozinhar com o pai, o avô, o bisavô, como Paul Bocuse e Anne-Sophie Pic, ou com as avós, como Georges Blanc. Alguns são gênios totalmente autodidatas, como Thierry Marx e Marc Veyrat. Todos têm em comum uma paixão avassaladora, uma tremenda capacidade de trabalhar e um insaciável desejo de perfeição. Entre os verdadeiros artistas da culinária francesa de hoje estão estes sete incríveis personagens fortes que honram a tradição de Carême e Escoffier.

Paul Bocuse

Em 30 de março de 2011, o Culinary Institute of America elegeu Paul Bocuse o Chef do Século. Tim Ryan, presidente dessa celebrada instituição, o descreveu como "Elvis Presley e os Beatles em uma só pessoa". Dois meses antes, *monsieur* Paul comemorara seu 85º aniversário com seus amigos, os grandes cozinheiros franceses, que, para a ocasião, prepararam um jantar excepcional para duzentos convidados. O rei Bocuse definitivamente estava no auge de sua glória.

A cerca de dez quilômetros ao norte de Lyon, uma pequena cidade chamada Collonges-au-Mont-d'Or atrai todos os gourmets do mundo. É lá que Paul Bocuse mantém seu famoso restaurante três estrelas, L'Auberge du Pont de Collonges. É lá também que, em 11 de fevereiro de 1926, ele nasceu em uma família com longa tradição de cozinheiros de pais e filhos desde o século XVII. Aos 16 anos, durante a Segunda Guerra Mundial, ele começou como aprendiz no Restaurant de la Soirie, em Lyon, e aprendeu a entender como funcionava o mercado – mesmo que, na época da Guerra, tratava-se do mercado negro – e a matar porcos. Dois anos depois, alistou-se voluntariamente no exército de libertação do general de Gaulle. Foi ferido na Alsácia e ficou aos cuidados de soldados americanos. Sempre se lembrará de ter "sangue americano nas veias". Após a Liberação (o fim da Segunda Guerra Mundial em 1945 com a vitória dos aliados) voltou a trabalhar, desta vez no restaurante da Mère Brazier, perto de Lyon, não somente na cozinha como também cuidando do jardim, ordenhando vacas e lavando e passando roupa.

Então, foi trabalhar no Lucas Carton, elegante restaurante de Paris onde fez amizade com os irmãos Pierre e Jean Troisgros. Durante os anos 1950, os três formaram uma excelente equipe no restaurante La Pyramide, onde receberam os ensinamentos do grande chef Fernand Point.

Honrado com o título de Melhor Operário da França em 1961, ano após ano ganhou notoriedade e primazia até ser recompensado, em 1965, com três estrelas do guia Michelin por seu restaurante em Collonges, antes uma pousada que pertencera ao seu pai; estrelas que até hoje ele mantém.

Em 1975, Paul Bocuse recebeu das mãos do então presidente da República, Valéry Giscard d'Estaing, a medalha de Commandeur de la Légion d'Honneur [Comendador da Legião de Honra], distinção francesa criada por Napoleão em 1802, atribuída a militares e civis por sua coragem ou por honráveis serviços à pátria. Para a ocasião, criou a famosa *soupe aux truffes* [sopa com trufas]. Desde então, essa sopa tem sido servida em seu restaurante sob o nome Sopa V.G.E, iniciais do ex-presidente francês.

Paul Bocuse teve um papel de destaque na divulgação da arte culinária e da pedagogia na cozinha: ensinou muitos grandes chefs, incluindo chefs estrangeiros. Seu instituto forma os melhores estudantes de nove universidades em países como Estados Unidos, Peru, Brasil, Canadá, Japão, Taiwan, Grécia, Cingapura e Finlândia, em diversos aspectos da profissão (arte da mesa, seleção de vinhos, queijo, etc.). Bocuse também deu seu nome a um concurso chamado Bocuse d'Or, um tipo de olimpíadas do mundo da culinária, em que chefs de 24 países preparam um prato elaborado de carne e de peixe em 5h30. O vencedor é escolhido pela qualidade e a apresentação do prato.

Em retrospecto, hoje o papa da Nouvelle Cuisine minimiza o impacto dessa tendência, afirmando que não se tratou de uma incrível revolução e acrescentando, com seu senso de humor: "A Nouvelle Cuisine era nada no prato e tudo na conta". Contudo, ele torna a afirmar um dos credos da Nouvelle Cuisine: "Não há cozinha grande ou pequena, apenas a boa cozinha". Para ele, a qualidade dos ingredientes é essencial: "Você não pode descartar os bons ingredientes. Sem bons ingredientes, não há boa cozinha".

Paul Bocuse se tornou parte da herança cultural: sua estátua de cera está no Museu Grévin, o museu de cera de Paris, ao lado de todas as figuras importantes da história da França.

Alain Ducasse

Do segundo andar da Torre Eiffel, Alain Ducasse observa e dirige sua equipe: que incrível lugar para ser chef, no topo do mais emblemático monumento de Paris. Sente-se em casa em um dos seus restaurantes parisienses que tem o nome do famoso escritor francês Jules Verne (1828-1905), pioneiro do gênero da ficção científica e autor de *A volta ao mundo em 80 dias,* nome apropriado para Alain Ducasse, grande viajante que percorre o mundo para supervisionar todos os seus restaurantes, incluindo Mônaco, Londres, Nova York, Tóquio e Hong Kong. *Tour du Monde* [Volta ao mundo] também é o título do seu último livro com 500 receitas reunidas junto aos chefs que trabalham em sua equipe. Obviamente, ele não cozinha mais, porém transmitiu seu conhecimento, ensinando aos seus colaboradores que "a cozinha realmente criativa vem da emoção que você coloca na comida".

Nascido em 1956 no sudoeste da França e tendo crescido em uma fazenda com galinhas, patos e gansos, ele quis ser chef desde criança. No jardim, encontrava todos os legumes que queria e também costumava pescar. "A única coisa que costumávamos comprar era a manteiga".

Começou sua formação aos 16 anos e três anos depois trabalhava sob a direção de Michel Guérard em Eugénie-les-Bains, na região das Landes, sudoeste da França, perto da costa atlântica. Aos 20 anos, descobriu a culinária do Mediterrâneo, que teve papel decisivo na definição da maneira como abordou a cozinha: simplicidade, elegância e respeito por produtos excepcionais. Ele aprendeu a *cuisine du soleil* [cozinha do sol] com Roger Vergé, chef do Moulin de Mougins, no sul da França. Isso fez com que ele se empenhasse a encontrar minilegumes, que concentram mais sabor do que os legumes maiores, ou tomates amadurecidos pelo sol da Provence e aprendesse a cozinhá-los amorosamente por tempo suficiente para que mantivessem o sabor e o frescor, acrescentando um toque final de azeite de oliva de alta qualidade. Alain Chapel, seu mestre espiritual, despertou em Ducasse o culto dos produtos de excelente qualidade, e então ele entendeu que cozinhar é "60% ingredientes e 40% técnica".

Aos 27 anos, Ducasse escapou vivo por milagre de um acidente de avião que o deixou com graves ferimentos e ficou hospitalizado por um ano. Três anos depois, aceitou o desafio de criar o restaurante Le Louis XV, no Hôtel de Paris, em Mônaco. Com seu talento, o lugar foi o primeiro restaurante de palácio do mundo a receber as prestigiosas três estrelas do guia Michelin.

Desde então, Alain Ducasse nunca mais parou. Hoje está à frente de um império: vinte restaurantes no mundo todo. Sempre curiosa e respeitosa em relação às diferentes culturas, sua culinária fica aberta para o mundo. Em 1999, ele foi nomeado presidente dos "Châteaux et Hôtels de France", um grupo de centenas de prestigiosos hotéis, e, em 2009, abriu uma escola de cozinha. É o único francês a ter sido selecionado entre os cem empresários mais influentes... Francês? De fato, monegasco desde 2008, quando o príncipe Albert de Mônaco lhe concedeu a nacionalidade daquele principado.

Joël Robuchon

Não é preciso ser um grande chef para fazer um purê... certo? Não quando se trata de Joël Robuchon, que prepara essa receita simples de forma a obter um resultado excepcional. Sua outra famosa especialidade, certamente mais chamativa – *gelée de caviar à la crème de chou-fleur* [gelatina de caviar com creme de couve--flor] –, é inesquecível.

Campeão do guia Michelin, com quase 30 estrelas atribuídas aos seus diversos restaurantes no mundo todo, Robuchon nasceu em 1945 em Poitiers, na região centro-oeste da França. Seu primeiro interesse foi a religião e não a cozinha. Filho de maçom, ele descobriu a gastronomia ajudando as freiras na cozinha do seminário em que estudou religião para se tornar padre. Por causa das dificuldades financeiras de sua família, teve que trabalhar e foi assim que, aos 15 anos, começou como aprendiz de confeiteiro no hotel Relais de Poitiers.

UMA BREVE HISTÓRIA DA CULINÁRIA FRANCESA

Seis anos depois, Robuchon tornou-se um Compagnon du Tour de France, nome dado aos aprendizes que viajavam pelo país para receber treinamento sob o patrocínio de uma associação de artesãos cuja origem remonta à Idade Média. Isso o obrigou a viajar durante dois ou três anos no país todo para seguir um intenso treinamento em diversos restaurantes em que aprendeu não somente técnicas tradicionais como também valores morais que lhe deram o gosto pela perfeição.

Aos 28 anos, foi nomeado chef do hotel Concorde-Lafayette, em Paris, liderando uma equipe de noventa cozinheiros e supervisionando cerca de 3.000 refeições por dia. Os prêmios não demoraram a chegar: Melhor artesão da França (1976) e, após abrir seu próprio restaurante, Jamin, em Paris, Chef do ano (1987) e Cozinheiro do século (Gault&Millau, 1989). Um ano após inaugurar o Jamin, recebeu sua primeira estrela Michelin; as duas outras vieram nos dois anos seguintes. Depois de dez anos de grande sucesso, mudou-se para outro local ao qual deu seu nome. Em 1994, o Joël Robuchon foi considerado o melhor restaurante do mundo pelo International Herald Tribune.

Aos 51 anos, após ter testemunhado alguns dos seus amigos chefs morrerem de esgotamento e estresse e desejando transmitir seu conhecimento, Robuchon anunciou sua aposentadoria. Passou a dar aulas na TV, já que cozinhar é uma arte que todos podem praticar. O público apreciou esse encontro diário com Robuchon e um chef convidado, em um programa intitulado "Bon appétit bien sûr" [Bom apetite, claro], com receitas acessíveis e de baixo custo.

Durante esse período, Joël Robuchon viajou bastante e se apaixonou pelo Japão, país que nele despertou muita inspiração e uma nova ideia: por que não cozinhar na frente dos clientes para criar um ambiente amigável com uma culinária simples feita com produtos excepcionais? O primeiro Atelier Joël Robuchon foi inaugurado em Tóquio em 2003, simultaneamente com o de Paris e depois outros foram inaugurados em Las Vegas, Nova York, Londres, Hong Kong, Taipei e Macau. A esses juntaram-se dois restaurantes chamados La Table, localizados no Japão, e um restaurante puramente japonês, Yoshi, em Mônaco. A lista de suas atividades (entre as quais conselheiro de grandes marcas) é longa demais para ser enumerada e é impressionate para alguém que queria se aposentar aos 50 anos.

Joël Robuchon, o chef mais influente e conhecido do pós-Nouvelle Cuisine, de fato é um homem apaixonado e perfeccionista, sempre em busca de maior simplicidade e de respeito ao verdadeiro sabor de cada ingrediente, ou seja, a culinária de verdade. É um professor exigente, um trabalhador incansável que pensa que cozinhar é uma arte, não muito diferente da música, na qual é preciso, primeiro, aprender a teoria.

Marc Veyrat

Quando, em 5 de fevereiro de 2011, os melhores chefs do mundo se reuniram em Lyon para homenagear Paul Bocuse pelo 85º aniversário, entre todos os toques brancos destoava o chapéu preto com largas abas de Marc Veyrat, que dois anos antes decidira fechar seu restaurante de três estrelas perto de Annecy, na região da Savoia, por motivos de saúde, após ter sofrido um acidente de esqui. Tratava-se, porém, de um *au revoir*, um "até logo", e não de um adeus, já que, aos 58 anos, era cedo demais para a aposentadoria.

O chef autodidata Marc Veyrat nasceu em Savoia, região montanhosa da França que faz fronteira com a Suíça e a Itália. Seus pais eram fazendeiros e recebiam turistas em *chambres d'hôtes*, quartos com café da manhã. Ainda criança, ele costumava caminhar cerca de 7 quilômetros até a escola e ajudava os pais na cozinha. Orgulhoso de suas origens, Veyrat costuma evocar suas lembranças de infância, como os presuntos pendurados na lareira ou a torrefação do grão de café ainda verde toda quinta-feira em companhia do irmão. Desde criança, ele aprendeu a colher plantas silvestres que mais tarde usaria na cozinha.

Expulso da escola de hotelaria aos 17 anos, ele aceitou empregos menores antes de abrir seu primeiro restaurante em Manigod, o vilarejo de sua infância. Anos depois, resolveu vendê-lo e transformou uma mansão em frente ao lago de Annecy num charmoso estabelecimento, L'Auberge de l'Eridan. Lá sua criatividade foi recompensada com três famosas estrelas do guia Michelin (1986, 1987 e 1995). Por dois anos consecutivos, foi eleito "melhor cozinheiro do ano" (1989 e 1990) e "melhor chef" em 1996, pela revista *Wine Spectator*. Em 1999, ele abriu uma pousada em Megève, atraente estação de esqui dos Alpes, que lhe rendeu mais três estrelas! Como o nome indica, trata-se da réplica da fazenda de seu pai: "La ferme de mon père". Em 2005, decidiu inaugurar um terceiro restaurante em Paris, em frente ao Stade de Roland-Garros, conjunto de quadras de tênis que, todo ano, recebe o prestigioso Aberto de Tênis da França.

A originalidade de Marc Veyrat consiste em utilizar as técnicas da culinária molecular para ressaltar o sabor dos alimentos. Apaixonado por ervas aromáticas e flores silvestres que ele mesmo cultiva ou colhe nas montanhas, costuma utilizá-las nas suas preparações. De forma ainda mais surpreendente, substitui farinha, óleo, manteiga e creme por plantas das montanhas. Também faz uso de caldos de legumes e todos os tipos de chás de ervas, evitando as gorduras, e experimenta cozinhar em temperaturas muito baixas com nitrogênio líquido.

Com seu amor pela natureza, Marc Veyrat está profundamente envolvido na proteção do meio ambiente. Ele sonha com um novo conceito de restaurante ecológico, autossuficiente por meio da energia renovável, experimental e orgânico, onde possa cultivar todas as suas plantas aromáticas. Em *Encyclopédie culinaire du XXIème siècle* (2003), manifesto em três volumes que expressa sua visão da culinária francesa do século XXI, ele reflete sobre seus primeiros anos, oferecendo um precioso guia sobre as ervas que conhece tão bem e compartilha conosco suas inovadoras receitas.

Michel Troisgros

Para contar a história deste chef, é preciso voltar um pouco no tempo, até o começo do século XX, pois Michel e Claude Troisgros fazem parte da terceira geração de uma família de renomados cozinheiros.

Seus avós Jean-Baptiste e Marie Troisgros foram os primeiros a se enveredar pela cozinha, pois eram os proprietários de um café na região da Borgonha. Em 1930, eles se estabeleceram em Roanne, a cerca de 90 quilômetros de Lyon, na estrada nacional N7, o caminho mais utilizado por quem ia passar férias no sul do país. O casal, autodidata na arte de cozinhar, fez muito sucesso ao oferecer uma saborosa culinária caseira, acompanhada por ótimos vinhos da Borgonha. Em 1935, deram ao seu hotel-restaurante o nome de L'Hôtel Moderne. Seus filhos, Pierre e Jean, foram criados no credo da culinária francesa e se tornaram aprendizes: Jean em Paris e Pierre primeiro na Normandia e depois no País Basco.

Após se formarem profissionalmente, os irmãos trabalharam no La Pyramide, em Vienne, perto de Lyon, com o grande chef Fernand Point. Depois, foram para o Lucas Carton, prestigioso restaurante de Paris, onde se tornaram amigos de Paul Bocuse. Finalizaram seu treinamento no Maxim's e no Hôtel de Crillon antes de voltarem a Roanne, onde seu pai queria que retomassem o negócio da família. Era um trio imbatível: Pierre era o chef; o irmão, chef de molhos e o pai, *maître d'hôtel* e *sommelier*. Logo o restaurante ficou conhecido como Les Frères Troisgros [Os Irmãos Troisgros]. A criatividade, a excelência e a autenticidade que os caracterizavam acabou sendo recompensada: primeira estrela no guia Michelin em 1955, a segunda em 1965 e a última e mais importante em 1968, quando Christian Millau afirmou ter descoberto "o melhor restaurante do mundo". Após a morte de Jean em 1983, Pierre continuou gerenciando o estabelecimento com seu filho Michel.

Michel seguiu a tradição familiar: estudou na escola de hotelaria de Grenoble, França, e viajou o mundo todo, acompanhado da mulher, para completar sua educação com os melhores chefs, nomes como Frédy Girardet em Lausanne, Michel Guérard em Nova York e muitos outros em Bruxelas, São Francisco, Londres, Tóquio... Hoje, dirige os negócios da família: o restaurante principal, La Maison Troisgros, ao lado do qual fica Le Central; La Colline du Colombier, perto de Roanne, e La Table du Lancaster, em Paris. Expandiu-se internacionalmente com os restaurantes Le Koumir, em Moscou, e Cuisine(s) Michel Troisgros, no Hyatt Regency de Tóquio.

Sua cozinha delicada e original une a herança borgonhesa à influência italiana herdada da avó e à riqueza da culinária japonesa; pelo menos duas vezes ao ano Michel viaja ao Japão. A nota dominante é levemente ácida – toque de vinagre, sutil aroma de limão, laranja e frutas exóticas como o yuzu japonês. Acima de tudo, Michel está interessado na complexa relação entre acidez e doçura e o equilíbrio entre os sabores. Como todos os grandes chefs, a qualidade e o frescor dos produtos é essencial.

César Troisgros, filho de Michel, está pronto para assumir os negócios. O irmão de Michel, Claude, emigrou para o Brasil nos anos 1980 e é proprietário de quatro restaurantes na cidade do Rio de Janeiro. Troisgros é, definitivamente, um nome que pertence ao mais alto panteão da gastronomia francesa.

Anne-Sophie Pic

Em uma área dominada pelos homens, não é fácil obter reconhecimento. Anne-Sophie Pic conseguiu essa façanha: é a quarta mulher na história a pertencer ao seleto clube dos chefs com três estrelas no guia Michelin. Além disso, um júri internacional de críticos gastronômicos a elegeu a melhor chef do mundo, entregando-lhe o prêmio Veuve Clicquot em Londres em 2011.

Assim como para os chefs Troisgros, a paixão pela cozinha é um vírus de família. Três gerações de cozinheiros a precederam, três fortes personalidades. Primeiro, sua bisavó Sophie Pic, que em 1891, dirigia a melhor mesa entre as Cévennes e a Provence com uma cozinha do *terroir* tradicional: L'Auberge du Pin, na região de Ardèche (centro sul da França). Depois, seu avô, André Pic, cuja fama foi tão importante quanto a de sua mãe. Os clientes vinham de muito longe para provar a lagosta com creme ou a morcela Richelieu. Em 1934, o restaurante Pic tinha três estrelas quando André Pic decidiu se mudar para a cidade de Valence, à beira da famosa estrada nacional N7. Em seguida, o pai de Anne-Sophie, Jacques, provou ser igual ao seu predecessor e teve seu talento criativo recompensado com três estrelas no guia Michelin em 1973.

Quando chegou a vez de Anne-Sophie, porém, ela não se sentia pronta para entrar na cozinha de seu pai, como fizera seu irmão Alain. Queria seguir outro caminho: escolheu estudar administração de negócios, assim como Hélène Darroze, sua amiga e colega de cozinha com a qual, mais tarde, fundou o clube Les Nouvelles Mères Cuisinières [As novas mães cozinheiras] para homenagear Mère Brazier, Mère Blanc e Mère Poulard, personalidades fortes e famosas que impressionavam pelo talento e por ter formado um clube informal que influenciou toda uma geração de cozinheiras.

Uma vez formada, Anne-Sophie trabalhou nos Estados Unidos e no Japão no mundo do luxo, em particular no mercado do champanhe. Ao regressar a Valence, entendeu que sua verdadeira paixão era cozinhar. Seu pai queria que ela estudasse na escola de hotelaria, mas, infelizmente, ele morreu poucos meses depois de ela voltar à França, em 1992. Ela demorou a se recuperar dessa perda e a se dedicar à aprendizagem, porém seguiu seu próprio caminho com determinação. Aos 37 anos, reconquistou a terceira estrela que o restaurante perdera após a morte do pai. Hoje, com o marido, dirige La Maison Pic, em Valence, o Bistrot 7 Anne-Sophie Pic (em referência aos míticos restaurantes da estrada nacional N7), o restaurante do hotel cinco-estrelas Relais et Châteaux em Valence e o Restaurant Anne-Sophie Pic no Beau-Rivage Palace em Lausanne, na Suíça. Em 2012, abriu o restaurante La Dame de Pic, em Paris. Também criou a oficina Scook, onde amantes da comida podem aprender a preparar pratos originais.

Anne-Sophie respeita a tradição, enriquecendo-a continuamente com a própria experiência e criatividade. Por exemplo, faz reviver a mítica especialidade de seu pai, o robalo com caviar, mas também inova constantemente: atum marinado com pimentas suaves em geleia de tomate e sorvete de rúcula, ou pombo em crosta de nozes... numa incrível paleta de sabores.

À pergunta de quais são as qualidades imprescindíveis de um chef, Anne-Sophie responde: "Perseverança, força de vontade e trabalho". A tudo isso, podemos acrescentar um excepcional talento.

Hélène Darroze

Hélène Darroze costuma brincar ao dizer que "nasceu em uma panela" porque é filha e bisneta de cozinheiros. Criada nas tradições, ela se alimenta da educação que três gerações de cozinheiros lhe deram e respeita com muita humildade o que a terra de seus ancestrais legou a ela. No começo de carreira, Hélène pensava se tornar gerente do hotel e restaurante Relais et Châteaux da família, em Villeneuve-de-Marsan, na região das Landes no sudoeste da França. Formou-se na Escola Superior de Comércio de Bordeaux, com ênfase em administração. Para completar sua educação, trabalhou em um restaurante de palácio, Le Louis XV, em Monte Carlo, em que encontrou Alain Ducasse, do qual se tornou gerente administrativa. Trabalhou em diversas áreas, desde marketing até desenvolvimento de cardápio, e participou da criação do livro *La Riviera d'Alain Ducasse*. Foi um momento decisivo em sua carreira já que decidiu se tornar chef.

Regressou ao hotel familiar em que trabalhou com seu pai, porém logo entendeu que ambos tinham jeitos bastante diferentes de cozinhar. Os anos de 1995 e 1996 foram de muitos sucessos. Ela conquistou os prêmios Jovem chef do ano (guia Champérard), Chef do ano para a região sudoeste, Grande chef de amanhã (guia Gault&Millau). Mas, em 1999, foi forçada a fechar o hotel por motivos financeiros.

Paris era seu novo desafio: um novo restaurante em Saint--Germain-des-Prés em 1999 e um novo século para recompensá--la com uma estrela no guia Michelin, seguida por outra dois anos depois. Lá, ela criou uma autêntica culinária tradicional do sudoeste da França, com foie gras, ostras e armanhaque, novos sabores apimentados e legumes frescos da estação. Hoje, divide o tempo entre os restaurantes que levam seu nome em Paris e em outras cidades, como o Hélène Darroze at the Connaught, no bairro de Mayfair em Londres.

Na opinião de Hélène, se existe uma diferença entre chefs homens e mulheres, é o fato de as mulheres cozinharem com mais generosidade, emoção e sensibilidade. Ela sempre cozinhou com o coração e seguiu seu instinto. Quer vender felicidade. Seu lema é "Independência, liberdade e brilho".

E ela brilha, mesmo quando o principal objetivo não é preparar receitas. Durante dois dias, a equipe do estúdio de cinema Pixar ficou na cozinha de Hélène Darroze para filmá-la em ação. Enganam-se os que acham que ela foi tema de algum documentário sobre a culinária francesa. Hélène serviu de inspiração para Colette, a jovem cozinheira do filme *Ratatouille* (2007). Ambas têm em comum a mesma paixão pela cozinha e o mesmo rigor. Para Hélène, cozinhar é viver e viver é cozinhar. Hélène Darroze, dentro e fora das telas, é uma verdadeira artista.

pães, vinhos e queijos:
os três pilares da cozinha francesa

Em 1968, o *slogan* de um comercial difundido repetidamente na TV francesa exaltava *du vin, du pain, du Boursin* [vinho, pão, Boursin]; Boursin é uma marca de queijo fresco industrializado. Essa propaganda, a primeira de um queijo feita para a TV, impressionou muito o público francês por representar de forma fiel os três pilares da cozinha francesa: pão, vinho e queijo.

O pão acompanha todos os pratos na França, exceto a sobremesa. É sempre colocado sobre a mesa ao lado dos pratos. Os padeiros trabalham durante a noite para oferecer aos seus clientes pão fresco e crocante todas as manhãs. Em todas as aldeias existe pelo menos uma padaria. A baguete (ou *banette*) é o tipo de pão mais vendido nas cidades maiores, mas no campo os pães mais pesados, que duram mais, são os preferidos. A diversidade de pães é impressionante, e por toda a história da França o pão esteve no centro do poder.

Quanto ao vinho, a bebida é o orgulho dos franceses, apesar da concorrência internacional. Depois que os gregos ensinaram a eles como plantar vinhas, os alunos superaram os mestres e transformaram a vinificação em arte. Uma paleta de vinhos, vermelhos, brancos, rosas, amarelos e acinzentados, sem esquecer

PÃES, VINHOS E QUEIJOS

o champanhe, o conhaque e outras bebidas derivadas, reflete a diversidade e a riqueza extraordinária de solos franceses.

E, claro, a França é a terra do queijo. A antiga tradição queijeira passada através das gerações oferece os mais diferentes aromas e sabores, desde os mais brandos e delicados aos mais fortes e pungentes.

Pão, vinho e queijo combinam de forma espetacular entre si. Podem arrematar um banquete com elegância ou até mesmo compor uma refeição simples e saborosa entre amigos. O importante mesmo é que nunca faltem.

PÃES

Em muitas civilizações, o pão ocupou um lugar central na dieta humana e frequentemente foi associado ao trabalho, à vida e aos aspectos sagrados da religião. Em diversas religiões, foi usado para oferendas, desde presentes aos deuses ou aos mortos nos templos e túmulos egípcios, até as missas cristãs em que o pão consagrado se torna o corpo de Cristo.

Mais de mil anos antes de nossa época, os egípcios já sabiam fazer pão sem levedura. A levedura é uma pequena planta, um organismo vivo que contém cerca de 10 bilhões de células vivas que se reproduzem durante o processo de fermentação, criando, por reações químicas e físicas, centenas de pequenas cavidades que fazem a massa crescer. Os padeiros costumam guardar um pedaço da massa já fermentada para usá-lo como agente de fermentação em outras fornadas. Durante o Êxodo, os hebreus tiveram que comer um tipo de pão sem levedura, apenas cozido debaixo de cinzas, que se tornou sagrado por simbolizar a pureza.

Os gregos eram mestres na fabricação de pão. No século III, segundo o historiador grego Ateneu, encontravam-se nada menos do que 72 tipos diferentes de pães na padarias gregas. Segundo Plínio, O Velho, em 168 a.C., escravos gregos foram levados a Roma onde ensinaram aos romanos a arte de fazer pão. Até então, os romanos comiam essencialmente mingau com diferentes cereais ou bolos achatados. Nas épocas conturbadas, o pão era distribuído para pacificar as pessoas – ou mais frequentemente sacos de grãos de trigo para fazer a farinha do pão. No que diz respeito aos gauleses, quando os romanos invadiram seu país, eles já sabiam fermentar a massa do pão com levedura de cerveja.

No sistema feudal da Idade Média, o vassalo era quem tinha uma obrigação mútua com o monarca ou o senhor: por exemplo, em troca do direito de cultivar a terra, ele precisava pagar o foro. Também, existia uma assistência mútua entre o vassalo e seu senhor. O vassalo devia moer os grãos no moinho do senhor e assar o pão no forno do senhor (chamado forno "banal") e precisava pagar um imposto especial chamado "banalidade". Às vezes, esses fornos ficavam sob a responsabilidade de padeiros chamados *fourniers* [forneiros], os quais, obviamente, deviam pagar uma taxa de licença para o senhor. Quando os senhores partiam para as Cruzadas e precisavam de dinheiro para a viagem, era comum que vendessem os fornos aos vilarejos, que, por sua vez, vendiam-nos a grupos de profissionais – as futuras guildas.

As guildas de padeiros foram as primeiras que se organizaram. Protegiam-se contra eventuais concorrentes. Até 1440, podiam fazer bolos, mas então uma guilda específica de confeiteiros foi criada. Os padeiros também precisavam observar regras estritas em relação ao peso, à qualidade e ao preço dos diversos pães. As infrações eram severamente punidas: a padaria era murada, os padeiros tinham que pagar multas e, na Idade Média, era comum que fossem espancados publicamente. Havia alguns dias específicos em que não podiam cozinhar, como aos domingos e durante as celebrações religiosas. A formação de padeiro durava cinco anos. A pa-

Pain perdu

Não adianta procurar por rabanada no cardápio dos restaurantes franceses. O prato típico do Natal brasileiro é chamado de *pain perdu* (literalmente, "pão perdido") na França. Raramente é servido em restaurantes, pois, assim como no Brasil, trata-se de uma sobremesa bem simples e despojada, feita com sobras de pão amanhecido. As crianças (e os adultos também!) adoram as fatias de pão mergulhadas em uma mistura de leite batido com gema, depois fritas na manteiga e salpicadas com açúcar.

lavra *boulanger* [padeiro], que apareceu na língua francesa em 1299, provavelmente se origina de *boule* [bola], em referência à forma dos pães redondos. A partir do reinado de Luís XV (1722-1774) até a Revolução (1789-1799), o número de padeiros foi limitado por lei.

O santo padroeiro dos padeiros é Saint Honoré, que nasceu no início do século VI em uma família respeitada e, desde criança, era extremamente pio. Seu mestre era Saint Béa, o arcebispo de Amiens. Quando este morreu, Honoré era destinado a lhe suceder, porém quando recusou essa honra, um feixe de luz celestial e um misterioso óleo desceram do céu sobre sua testa. Neste exato momento, sua babá estava assando pão. Surpresa e incrédula, a idosa mulher exclamou que acreditaria no milagre se a vara de ferro que acabara de derrubar no chão criasse raízes. Imediatamente, a vara se transformou numa amoreira, coberta de folhas e flores. É por esse motivo que Saint Honoré não somente é padroeiro dos padeiros como também dos floristas.

Por séculos, os camponeses comeram pão de má qualidade, em geral pão de centeio e de cevada. Nos períodos de penúria de comida, costumava-se acrescentar argila e palha à farinha. O pão de farinha de trigo e o pão branco eram reservados aos ricos. Quando havia escassez de pão, o povo protestava como aconteceu em 1775 durante a chamada "guerra das farinhas", ou na Revolução Francesa, quando uma multidão furiosa marchou sobre Versalhes para protestar contra o preço do pão. O povo queria ver "o padeiro, a mulher do padeiro e o filho do padeiro", nomes dados ao rei Luís XVI, à rainha Maria Antonieta e ao príncipe, os quais, supostamente, deviam proteger seus súditos contra a fome. A resposta da rainha "Se não têm pão, que comam brioche" é uma anedota falsa que prejudicou muito a imagem de Maria Antonieta. Em 1791, durante a Revolução, a Assembleia Constituinte impôs preços fixos sobre o pão e, no ano seguinte, apenas um tipo de pão era autorizado: o *pain de l'égalité* [pão da igualdade], feito com três quartos de farinha de trigo e um quarto de centeio e farelo. A liberdade de criar padarias foi proclamada em 1803.

No começo do século XIX, aumentou a importância do pão na dieta dos franceses. Em meados desse século, uma família de quatro pessoas comia até quatro quilos de pão por dia. Muitas expressões populares, hoje ainda em uso, confirmam este papel predominante, como "ganhar o pão" – que se refere aos meios de alguém se sustentar – ou "comer o pão que o diabo amassou", que significa passar por grandes privações.

Foi por volta de 1830 que nasceu a baguete, quando o pão vienense foi introduzido na França. Esse longo e macio pão branco com casca crocante era feito com fermento de cerveja e leite e se tornou popular nas cidades. Logo o leite foi substituído por água, barateando o preço. Assim, os operários podiam comprar o pão e dar uma beliscada quando queriam. "*Baguette*", em francês, quer dizer "graveto", em referência à forma desse pão não moldado que era posto em cestas compridas antes de ser assado.

No século XX, o consumo de pão reduziu regularmente, parcialmente por causa do novo *diktat* da magreza – sendo o pão acusado de ser calórico demais. A qualidade também caiu por causa da industrialização da fabricação do pão. Contudo, novos artesões reagiram, voltando-se para a tradição e oferecendo novas variedades de pães com diferentes farinhas e processos de cozimento. Lionel Poilâne foi um dos que restauraram a nobreza da profissão. A padaria Paul conseguiu exportar a excelência do pão francês para mais de vinte países.

Hoje, não se concebe uma refeição na França sem pão, e comprar pão fresco todos os dias permanece um dos prazeres do jeito francês de viver – sem mencionar o papel social do padeiro que até hoje costuma saber as últimas fofocas...

O croissant

Há várias histórias acerca da origem deste ícone da *boulangerie*. Uma delas data de 1683 e não é francesa. Naquela época, os turcos sitiaram a cidade de Viena, na Áustria. Uma noite, um padeiro chamado Cornelius Möserpit estava trabalhando quando ouviu um som estranho. Eram os inimigos que cavavam uma passagem subterrânea. O padeiro tocou o alarme, ajudando a vitória dos austríacos. Para comemorar essa notável proeza, os padeiros de Viena inventaram um pão enrolado feito com massa folhada ao qual deram o nome de "crescente" (*croissant*), que estava na bandeira otomana. Em 1770, ao chegar a Versalhes, a rainha Maria Antonieta introduziu essa iguaria na França.

Pães

tipo de pão	ingredientes	características
Baguete	Farinha de trigo, água, sal, fermento natural, mas também pode ser feito com a massa fermentada	Crosta crocante, interior branco, leve e com alvéolos grandes e uniformes; sabor um pouco ácido e perfume de massa fermentada
Pain rustique	Maior quantidade de água e massa mais fermentada do que a baguete	Características mais intensas que na baquete, crosta mais dura e massa mais escura, além de sabor e aroma da massa fermentada mais presente e consequente acidez
Baguette viennoise	Açúcar, leite em pó, manteiga, sal, fermento e água	Massa leve, de sabor mais adocicado, sem acidez; a manteiga e o leite em pó conferem um sabor característico; crosta delicada e miolo com alvéolos pequenos e muito uniformes
Pain de gruau	Farinha de aveia, leite em pó, sal, fermento e água	Graças à farinha de aveia, é possível obter um pão bem desenvolvido com crosta fina e cor acizentada no miolo
Pain de campagne	Farinha de centeio, levain, sal, fermento e água	Essencialmente rústico, não muito branco; possui aroma ácido característico da utilização do levain ou de massa fermentada
Pain complet	Farinha de trigo integral, sal, fermento e água	Preparado apenas com farinha integral, tem cor escura, crosta fina e sabor marcante de cereais
Pain au seigle	Farinha de centeio, farinha de trigo, levain, sal, fermento e água	Deve ter uma quantidade de farinha de centeio 10% superior à farinha de trigo, no mínimo
Pain de seigle	Farinha de centeio, farinha de trigo, levain, sal, fermento e água	Deve ter, no mínimo, uma quantidade de farinha de centeio 65% superior à farinha de trigo
Brioche	Manteiga, ovos, farinha de trigo, açúcar, sal, fermento biológico	Massa muito rica em gordura e essencialmente amarela por causa dos ovos; muito macia, com sabor levemente adocicado, sem crosta
Croissant, pain au chocolat, pain aux raisins	Manteiga, leite em pó, fermento biológico, açúcar, sal e água	Massas fermentadas, folhadas e crocantes graças ao processo de dobras que formam as camadas; interior macio, com sabor amanteigado e pouco adocicado

VINHOS

À origem está Marselha, ou mais exatamente "Massalia", fundada pelos fócios, habitantes de uma colônia grega da Ásia Menor, por volta de 600 a.C. Esses mercadores gregos trocavam vinho por metais e escravos. Aos poucos, ensinaram os gauleses do litoral mediterrâneo a cultivar e aparar as videiras. Até então, a bebida predileta dos gauleses era a *cervoise*, bebida à base de uma variedade de trigo. Logo começaram a apreciar o vinho e plantaram videiras e oliveiras. A partir do ano 125 a.C., os romanos ocuparam a região de Languedoc e o vale do Ródano. Essa área foi chamada de "província" que deu o nome à Provence. Criaram as cidades de Port-Vendres e Narbonne. A produção se tornou tão abundante que ameaçou as vinhas italianas e o cultivo de trigo de maneira que, no ano 92, o imperador Domiciano ordenou que metade das videiras plantadas fora da Itália fosse arrancada. Felizmente, esse decreto foi abolido no século III, e as vinhas se expandiram ao longo do Ródano e do rio Garona, chegando a regiões como a Borgonha e a Aquitânia (Bordeaux). Isso incentivou a procura por novas variedades de videiras (as cepas) capazes de resistir a climas mais rigorosos. No século VI, vinhas foram plantadas em toda a Gália, mesmo no vale de Loire e na bacia parisiense até a região de Champagne.

Há um ditado francês que diz que "as vinhas precisam ver o rio". Os rios eram essenciais para o transporte do vinho. Ânforas, vasilhames em forma de vaso com duas asas usados na época romana, logo foram substituídas por barris de carvalho, brilhante invenção dos gauleses.

Na Idade Média, a Igreja Católica dominou a viticultura. Grandes ordens monásticas, em particular os beneditinos, cistercienses e cartuxos, desenvolveram a arte de fazer vinho. Os mosteiros usavam o vinho não somente para a missa católica como o símbolo do sangue de Cristo – a comunhão com pão e vinho foi praticada na Igreja Católica até o século XIII –, mas também para cumprir seu dever de hospitalidade. Mais tarde, a nobreza também se mostrou interessada em adquirir vinhedos.

A qualidade do vinho cresceu durante a Idade Média: água, ervas e especiarias não eram mais acrescentadas, como era comum na Antiguidade.

Durante esse período, a França foi o primeiro país exportador de vinho, e os mais importantes vinhedos estavam localizados na região de Paris. Os vinhos produzidos em Bordeaux, uma área sob o domínio da coroa inglesa de 1152 a 1453, eram os únicos fora do controle do clero. O comércio desses vinhos começou a prosperar no século XII para alcançar seu topo no século XIV. No que diz respeito à Borgonha, essa região tinha relações comerciais privilegiadas com a Holanda e a região de Flandres. De fato, os comerciantes holandeses tiveram um papel muito importante nos séculos XVI e XVII. Incentivaram a produção maciça de vinho branco para que fosse destilado e transformado em aguardente, ou seja, conhaque e armanhaque.

É preciso saber que até o século XVI as pessoas gostavam mais de vinho branco e *rosé*. Os vinhos tintos, por sua vez, se desenvolveram com a instalação do Papa em Avignon no século XIV: vinhos de Beaune eram transportados diretamente pelo rio Ródano. No final do século XVII, a introdução das garrafas e da rolha facilitou o transporte e a conservação do vinho. Estudos sobre a maneira de fazer vinho também contribuíram à melhoria da qualidade.

O comércio dos vinhos franceses na Europa cresceu no século XVIII. Contudo, em 1731 Luís XV proibiu o cultivo de novas plantações em algumas regiões para evitar a produção de vinhos medíocres e proteger os vinhos de boa qualidade. Durante a Revolução Francesa, muitos vinhedos que pertenciam à Igreja ou à nobreza foram confiscados e distribuídos ao povo. Os vinhedos se tornaram centros de atividade muito importantes.

Em 1801, Jean-Antoine Chaptal, político e químico sob o reino de Napoleão I, inventou um processo para aumentar o nível de álcool no vinho ao acrescentar açúcar ao mosto. Graças a ele muitos cientistas trabalharam para a melhoria da vinicultura francesa. Com a chegada da Revolução Industrial e o desenvolvimento da rede de ferrovias, o vinho então pôde ser transportado para qualquer lugar e se tornar a bebida nacional. Porém, em meados do século XIX, duas doenças abalaram os vinhedos franceses: o fungo oídio e a filoxera, um parasita que atacou as raízes, matando as vinhas; um desastre nacional. Após várias tentativas fracassadas de encontrar uma solução, o remédio finalmente foi descoberto em 1880 ao enxertar raízes americanas imunes nas vinhas.

No final do século XIX, Pasteur, por meio de seus estudos sobre a fermentação e o papel do oxigênio, contribuiu muito para os progressos na produção de vinho. Mas os vinhedos franceses sofreram durante as duas Guerras Mundiais e, consequentemente, a qualidade caiu. Para lutar contra essa situação, foi criada a AOC (Appellation d'Origine Contrôlée – denominação de origem controlada). Serve para definir padrões de qualidade e de regulação estrita das regiões de cultivo das uvas. Na França, os vinhos têm o nome do lugar em que são feitos, o "Château" ou o "Domaine", enquanto o vinho americano é denominado em função do tipo de uva.

Hoje, existem mais de 6.000 variedades de *cépages* [cepas], ou variedades de uvas no mundo. As variedades mais comuns de uvas na França são merlot, chardonnay, grenache, carignan, cabernet-sauvignon, ugni blanc, syrah, gamay, pinot noir e sauvignon blanc. O segredo dos bons vinhos reside na combinação das cepas, no solo, no clima e no dom do produtor.

Os franceses bebem cada vez menos vinho: o consumo de vinho na França foi reduzido em dois terços nos últimos cinquenta anos, provavelmente por causa das campanhas contra os perigos do alcoolismo. O consumidor regular deixou lugar ao consumidor ocasional que aprecia vinho de qualidade superior. Os rosés hoje representam quase um quarto do consumo total! As vendas de champanhe e de vinhos frisantes também estão crescendo.

Com certeza, muitos outros países desenvolveram um *savoir--faire* na arte de produzir vinhos notáveis. Mesmo assim, a França com seu excepcional terroir e sua longa tradição permanece O país do vinho!

Classificação dos vinhos franceses

Classificar os vinhos franceses não é uma tarefa fácil. As características de cada região diferem não somente pelas diferentes uvas cultivadas, mas também na forma de se classificar. Por exemplo, na Alsácia o que mais importa são as variedades de uvas, tendo cada rótulo uma variedade só, e o que mais se leva em conta nesse caso é o terroir em que uma determinada variedade foi produzida. Já em Bordeaux, claro que o terroir é extremamente importante e muito valorizado, mas a assemblage, ou mistura, de diferentes variedades de uvas dentro de uma garrafa é o grande segredo (*savoir faire*) e é o que faz com que os seus vinhos sejam dos mais admirados no mundo.

Vin de Table de France: Vinhos com aromas consistentes, são geralmente comercializados com o nome de alguma marca, são considerados os vinhos do dia a dia sem grandes complexidades.

Vin de Pays: Uma classificação menos exigente que AOC, principalmente em relação às variedades de uvas utilizadas. Também exige análise e degustação controladas pelo governo.

Vin de Qualité Supérieure: São vinhos que estão à espera de se tornarem AOCs.

AOC: A classificação Appellation d'Origine Contrôlée ajuda a preservar as características típicas dos vinhos e apresenta uma regulamentação estrita para localidades geográficas, variedades de uvas, produtividade, processos de produção, análises e degustação. É a classificação que garante a procedência e informa que todo o processo de produção do vinho de determinada região seguiu o mesmo padrão.

Vinhos

região	tipo de vinho	principais uvas	características
Alsácia	Branco	Riesling	Seco, muito aromático, mineral e com ótima textura na boca
		Gewürztraminer	Ligeiramente adocicado a doce, perfumado; na boca, cremoso e mineral
		Muscat	Perfumado, leve, de acidez crocante e ligeiro; amargor no fim de boca
		Pinot Gris	Entre o frutado e o seco, cheio de textura na boca, médio-encorpado
Beaujolais	Tinto	Gamay	Bastante aromático e moderadamente tânico nos crus de Beaujolais
	Branco	Chardonnay	Delicado, fresco, algumas vezes mais denso pelo contato com o carvalho, mas sem perder o equilíbrio
Bordeaux	Tinto	Merlot, Cabernet Sauvignon, Cabernet Franc e Petit Verdot	Geralmente é um vinho complexo, com boa carga tânica e bom para guarda
	Branco	Sauvignon Blanc e Sémillon	De boa aromaticidade, herbáceo e cítrico
	Doce	Sauvignon Blanc, Sémillon e Muscadelle	Aromático, complexo, incrível balanço entre doçura e acidez; os melhores podem envelhecer por 4 a 5 décadas facilmente

PÃES, VINHOS E QUEIJOS

harmonização	curiosidades	principais terroirs
Peixes; frutos do mar; clássico com caviar e outras ovas; chucrute; eisbein; sushi e sashimi	Única região da França em que os vinhos desde sempre são vendidos de acordo com a variedade da uva. Uma zona especializada em brancos (92% da produção total), dividida em 51 Grand Crus que representam 4% de todos os vinhedos na Alsácia	Bas-Rhin, Haut-Rhin e Grand Crus (Altenberg de Bergheim, Frankstein, Furstentum, Schlossberg, Sommerberg, Kaefferkopf, Kastelberg, etc.)
Foie gras; queijos fortes como o munster, époisse, langres; cozinha indiana e tailandesa de pescados e frutos do mar		
Aperitivos, queijos frescos de cabra ou vaca; aspargos verdes; cozinha vietnamita		
A maioria dos pratos da Alsácia; mil-folhas de vieiras e foie gras; consomê de cogumelos		
Charcutaria, carnes vermelhas, queijos cremosos como o camembert e o neufchâtel; vinho versátil para os pratos do dia a dia	Na região sul, onde se produz os populares Beaujolais e Beaujolais-Villages, se encontram vinhos leves bastante frutados que devem ser consumidos jovens; já na parte norte, estão os 10 crus, áreas mais nobres, com vinhos mais elaborados e de guarda	Moulin-à-Vent, Fleurie, Morgon, Brouilly, Côte de Brouilly, Chénas, Juliénas, Chiroubles, Régnié e Saint-Amour
Saint-pierre grelhado; massas em preparações delicadas com frutos do mar; queijos como brie e camembert	Elaborados ao norte de Beaujolais na fronteira com Mâcon, onde os solos calcários dão a típica finesse à casta; representam menos de 10% da produção regional, uma joia rara	Beaujolais Blanc e Beaujolais-Villages Blanc
Clássico com cordeiro em cocções diversas; pratos elaborados, que acompanham molhos à base de manteiga e de vinho tinto; caças	Região que tem como principal característica a mistura de variedades de uvas que compõem o vinho final; para os tintos, o Merlot e Cabernet Sauvignon são os mais utilizados com toques de outras variedades como Petit Verdot e Cabernet Franc; os brancos, em sua maioria, são feitos com Sémillon e Sauvignon Blanc; é em Bordeaux que se encontram os terroirs mais conhecidos do mundo como St Émilion, Pomerol e Margaux	Margaux, Médoc, Pauillac, Saint-Estèphe e Saint-Julien (em Médoc); Pessac-Léognan e Sauternes (em Graves); Pomerol e Saint-Émilion (em Saint Émilion Fronsac Pomerol)
Ostras ao natural; linguado grelhado; queijos de cabra frescos		
Excelentes para acompanhar pratos gordurosos como foie gras; clássico com crème brûlée e sobremesas com frutos secos		

117

VIAGEM GASTRONÔMICA À FRANÇA

região	tipo de vinho	principais uvas	características
Borgonha	Tinto	Pinot Noir	De cor mais clara, aromas sutis, complexos; precisa de tempo em garrafa para desabrochar; é um vinho elegante, delicado, de distinto equilíbrio
	Branco	Chardonnay, Aligoté, Sauvignon Blanc em baixíssima porcentagem	Apresenta-se pujante, com aromas intensos; encorpado, com sabor amanteigado e amendoado
Champagne	Espumante branco e rosé	Chardonnay, Pinot Noir e Pinot Meunier	Aroma complexo, que mescla citrinos com tostado, pães amanteigados e especiarias; de acidez firme, muito mineral, alguns quase salinos, de longa persistência
Córsega	Tinto	Niellucciu e Sciaccarellu	A Niellucciu é a mesma Sangiovese dos italianos e rende vinhos opulentos e vigorosos, ligeiramente rústicos; a nativa Sciaccarellu é mais elegante, de cor discreta, com perfil aromático e complexo
	Branco	Vermentinu	Os vinhos de Vermentinu são aromáticos, florais, com toques amendoados; minerais, são bastante ricos na boca e estão entre os mais finos brancos de todo o Mediterrâneo

118

PÃES, VINHOS E QUEIJOS

harmonização	curiosidades	principais terroirs
Fantástico com aves de caça (perdiz, codorna, pato); timo com cogumelos; vitelo em preparações diversas; jambon persillé	Na Borgonha, é muito importante conhecer a área exata onde o vinho é produzido dentro do terroir, assim como seus produtores; numa mesma faixa de terra, pode-se verificar áreas melhores e piores de acordo com a exposição ao sol e principalmente a geologia (maior conteúdo de calcário = maior elegância); diferentes produtores podem produzir vinhos de qualidade totalmente oposta mesmo sendo vizinhos	Côte de Nuits, Côte de Beaune, Chablis, Côte Chalonnaise e Mâconnaise
Ostras gratinadas; lagosta grelhada na casca com manteiga de estragão; truta com amêndoas		
Ótimos para aperitivos em geral; caviar; terrina de crustáceos; dourado assado com cítricos e sementes de coentro	Na Champagne, a qualidade dos vinhos é medida pela localização dos vinhedos: há apenas 17 comunas que levam o título de Grand Cru, onde 100% das uvas são produzidas num único vinhedo; outras 42 comunas levam o título de Premier Cru, elaboradas com 90%-99% de uvas de um único vinhedo	Avize, Épernay, Cramant, Aÿ, Ambonnay, Mesnil.
Cabrito assado ao forno com ervas; caponata siciliana; daube provençal; embutidos	Comparados com a parte continental francesa, os vinhos da Córsega perdem em definição e consistência, embora detenham uvas com personalidade vincada; em Patrimonio, no norte da ilha, 32 produtores (e nenhuma cooperativa) fabricam vinhos mais finos de solos calcários; em Ajaccio, ao sul, os vinhedos são assentados em solos graníticos e arenosos; a nativa Sciaccarellu floresce aqui com real delicadeza e caráter a despeito de sua coloração frágil	Ajaccio, Patrimonio, Muscat du Cap Corse, Calvi, Figari, Porto-Vecchio
Espaguete com frutos do mar; enroladinho de presunto cru e tomate confitado; queijos frescos de ovelha		

VIAGEM GASTRONÔMICA À FRANÇA

região	tipo de vinho	principais uvas	características
Jura	Tinto	Pinot Noir, Trousseau e Poulsard	Frutado e floral, mas com taninos que dão corpo suficiente para o envelhecimento
	Branco	Chardonnay, Savagnin e Pinot Blanc	Geralmente seco, elegante, com nuances de nozes
	Rosé	Poulsard	Quase tinto, com menos taninos; pode até ser envelhecido, o que não é comum entre os rosés
Languedoc-Roussillon	Tinto e rosé	Grenache, Syrah, Mourvèdre, Carignan e Cinsault	Tinto de aromas maduros, balsâmicos e animais, como caça e couro; encorpado, com taninos finos, sem perder frescor
	Branco	Bourboulenc, Grenache Blanc, Marsanne, Vermentino e Roussanne	Perfumado, expressivo com aromas de citrinos, ervas frescas e frutos secos, como amêndoas

120

PÃES, VINHOS E QUEIJOS

harmonização	curiosidades	principais terroirs
Oeufs pochés en meurette; terrina de codorna; fígado de porco flambado em armagnac; queijo morbier	No Jura há dois vinhos bastante conhecidos mundo afora, por motivos distintos: o primeiro é o Vin de Paille (vinho de palha), feito com uvas maduras colocadas para secar em estrados de palha por 3 meses com o objetivo de obter alta concentração de aromas e açúcar. A fermentação lenta gera um vinho com 14,5-17 °GL, ainda com açúcares residuais, que amadurecerá em barricas por no mínimo 3 anos para ganhar seus típicos aromas de mel, caramelo e compota de laranja; um vinho de grande corpo e longevidade. O outro é o Vin Jaune (vinho amarelo), de uvas Savagnin, colhidas tardiamente e vinificadas tradicionalmente em branco. Após a fermentação, o vinho é colocado em barricas velhas já utilizadas para safras anteriores de Vin Jaune e que contêm uma população de leveduras locais nos poros da madeira. A barrica não é preenchida por inteiro, o que cria uma condição para o aparecimento de um véu de leveduras na superfície do vinho, similar à flor do Jerez. O vinho é deixado aí por 6 longos anos, durante os quais é monitorado e ganha seus aromas de cogumelos silvestres e avelãs; pode ser guardado por décadas	Arbois, Château-Chalon, L'Étoile
Lagosta ao creme de especiarias variadas; ravióli com frutos do mar ao açafrão; queijo comté		
Salada de camarões e fígado de aves; ensopado de trilha; penne com linguiças e funghi		
Estufados típicos do sul da França; costelinha com canjiquinha; moussaka; ossobuco ensopado	Uma das maiores regiões vinícolas da França, seus vinhos são conhecidos pela pujança e aromas típicos, que vêm principalmente da uva Syrah. Essas duas regiões produzem muitos vinhos tintos, seguidos dos brancos espumantes, brancos doces, brancos secos e rosés. A região produz também muitos IGP, geralmente varietais, produzidos com algumas uvas típicas da região e também Cabernet Sauvignon, Merlot, Viognier e Chardonnay	Banyuls, Collioure, Saint-Jean-de-Minervois, Minervois, Corbières, Terrasses du Larzac, Crémant de Limoux
Carpaccio de atum; paella de mariscos; pizza romana; peixe assado na brasa sobre espaguete de abobrinha		

VIAGEM GASTRONÔMICA À FRANÇA

região	tipo de vinho	principais uvas	características
Provença	Tinto e rosé	Syrah, Grenache, Cinsault, Tibouren, Mourvèdre e Carignan	Tinto de aromas ensolarados, com frutas maduras, especiarias, garrigue e couro; encorpado, com estrutura firme e taninos importantes
	Branco	Rolle (Vermentino), Ugni Blanc, Clairette e Sémillon	Branco leve e refrescante, muito perfumado também; os melhores, quando trabalhados em barricas, são complexos e impressionantes
Sudoeste	Tinto	Auxerrois (Côt ou Malbec), Tannat, Braucol (Fer Servadou), Cabernet Sauvignon, Duras, Gamay, Mansenge, Mauzac, Merlot e Syrah	Cheio de aromas minerais, animais (couro, caça), frutos negros e especiarias; encorpado, tânico, para longuíssima guarda, em especial Madiran e Cahors
	Branco	Arrufiat (Baroque), Len-de-L'el (Loin-de-Loeil), Mansenge Blanc, Mauzac Blanc, Petite Manseng e Gros Manseng	Muito particular nos aromas citrinos, exóticos e de especiarias; cheio de textura na boca, une maturidade, frescor e mineralidade
Vale do Loire	Tinto	Cabernet Sauvignon, Cabernet Franc, Merlot, Gamay, Pinot Noir, Grolleau, Malbec (Côt), Pineau d'Aunis, Pinot Meunier e Pinot Gris	Vinho de aromas mais sérios, com frutas frescas, especiarias picantes e tons balsâmicos; médio-encorpado, com boa acidez e taninos firmes
	Branco	Sauvignon Blanc e Chardonnay, Chenin Blanc e Muscadet	Pungente no nariz, com cítricos, ervas frescas e pederneira; grande elegância gustativa, de acidez rica e bem integrada, minerais e muito persistente

PÃES, VINHOS E QUEIJOS

harmonização	curiosidades	principais terroirs
Daube à provençal; cordeiro salteado com bacon e buquê garni; pratos com trufas; bouillabaisse; anéis de lula à provençal	Mundialmente conhecida pelos campos de lavanda e refrescantes vinhos rosés, mas seus brancos e tintos vêm ganhando cada vez mais espaço no concorrido mercado de vinhos da França. A apelação de Bandol, talvez o melhor local de cultivo da casta Mourvèdre, com tintos carnudos, de aromas complexos, direcionados a longa guarda. Excelentes brancos são produzidos em Palette, como o icônico Château Simone	Bandol, Cassis, Palette, Bellet, Aix-en-Provence
Pizza napolitana; brandade de bacalhau; tempurá de camarões; sardinhas em escabeche		
Cassoulet; pot-au-feu; rabada com agrião; barreado; queijos duros curados	Foi do sudoeste francês que duas variedades de uvas, a Tannat e a Malbec, saíram e foram parar no Uruguai e Argentina, respectivamente. Lá ganharam notoriedade e ficaram conhecidas mundialmente pela sua qualidade e adaptação nos novos terroirs. Pela proximidade da região com as AOPs de Bordeaux, pode-se identificar bastante proximidade das características dos vinhos das duas regiões. Um produtor em especial merece atenção por sua visão revolucionária, Alain Brumont, uma lenda viva que é considerada pela Revue de Vin de France não só o melhor produtor de Madiran, mas de todo o sudoeste	Madiran, Cahors, Gaillac, Bergerac, Jurançon, Irouléguy, Monbazillac, Pécharmant
Foie gras servido no brioche; vieiras grelhadas com manteiga trufada; lombo de bacalhau assado na brasa		
Excelente com cozinha de bistrô; caças; terrinas de aves; sela de cordeiro em tapenade de azeitonas pretas	As vinhas do Vale do Loire contornam, para nosso grande prazer, os numerosos e famosos castelos da região. São quase 1.000 quilômetros de vinhedos, que podem ser percorridos ao mesmo tempo em que se admira as inúmeras construções que fazem a fama do Vale do Loire. Ali são produzidos vinhos de todos os tipos: tintos, brancos, rosés, licorosos e doces. Entre os vinhos de grande notoriedade, pode-se citar os inebriantes tintos de Chinon e os mudialmente conhecidos brancos de Pouilly-Fumé e Sancerre	Chinon, Bourgueil, Pouilly-Fumé, Bonnezeaux, Sancerre, Savennières, Vouvray, Cheverny, Saumur-Champigny, Saint-Nicolas-de-Bourgueil, Muscadet de Sévre-et-Maine, Touraine Amboise
Salmão gravlax; ostras ao natural; linguado ao creme de azedinha; cozinha indiana e tailandesa de pescados e frutos do mar; sushi e sashimi		

VIAGEM GASTRONÔMICA À FRANÇA

região	tipo de vinho	principais uvas	características
Vale do Ródano	Tinto	Syrah, Grenache, Carignan, Mourvèdre, Cinsault, Counoise e Vaccarèse	No norte, tintos sérios e de especiarias, de estrutura firme, que envelhecem muito bem na garrafa; no sul, prevalece o estilo de maior madurez, taninos mais acessíveis quando jovens, acidez mediana, muito persistentes
	Branco	Viognier, Roussanne, Marsanne, Grenache blanc, Bourboulenc e Chardonnay	O perfume da Viognier reina soberano no norte, com seus aromas exóticos e de violeta, densos e minerais; no sul, os brancos são sedutores com aromas balsâmicos, de fruta madura, encorpados e com generosa maciez na boca

PÃES, VINHOS E QUEIJOS

harmonização	curiosidades	principais terroirs
Excelente com caças; tournedos Rossini; steak au poîvre; cordeiro assado ou ensopado; fígado de vitelo com deglaçagem de vinagre de framboesa e bagas de cassis; entrecôte ao molho de vinho tinto; pato laqueado à moda de Beijing	Os vinhedos de Côte du Rhône são o cartão de visita dessa linda região, estrategicamente posicionados às margens do rio. A qualidade dos vinhos corresponde à beleza geográfica. No norte desta região, os destaques são o Condrieu, branco extraordinário elaborado a partir da uva Viognier que aproveita todo o potencial das encostas graníticas. Nos tintos, o elegante Côte de Rôtie e o Hermitage revelam a perfeição da uva Syrah, na elegância e potência respectivamente. No sul, a grande estrela é, sem dúvida, o Châteauneuf-du-Pape, um tinto maduro e encorpado, complexo e longevo. Embora apelações vizinhas como Gigondas e Vacqueyras ofereçam grandes vinhos, com as finas nuances do irmão mais famoso e muitas vezes por metade do preço	Condrieu, Côte de Rôtie, Hermitage, Saint Joseph, Cornas, Rasteau, Gigondas, Vacqueyras, Cairanne, Lirac, Tavel, Châteauneuf-du-Pape
Curry cremoso de camarões; risoto com pontas de aspargos; lagostins gratinados; vieiras sobre purê de berinjelas; bacalhau à mediterrânea; carpaccio de atum e abacate		

125

QUEIJOS

"Como é possível governar um país que tem mais de 300 queijos?" A frase atribuída ao general De Gaulle, assim como a quantidade de queijos, foi alterada tantas vezes que hoje ninguém sabe se as palavras são verdadeiras ou não. Os franceses a citam com frequência porque reflete o orgulho que sentem pela incrível variedade de queijos e a lendária indisciplina do povo. O fato é que existem, sim, mais de 300 tipos de queijo diferentes na França e que os franceses, mais do que beber leite, comem-no!

A palavra *"fromage"* – "queijo" em francês – originou-se do molde em que o leite coalhado é drenado para fabricar o queijo: *"forma"* em latim ou *"formos"* em grego se tornou *"formage"* e depois *"fromage"* por volta de 1400.

Supostamente, os primeiros queijos foram feitos na Mesopotâmia no século XV a.C. Os romanos e os gregos consideravam o queijo um luxo. A França aprendeu com os romanos, que já tinham treze diferentes variedades de queijos. Durante as invasões árabes (720-739), as cabras foram introduzidas na região de Poitou, no centro-oeste na França, cuja capital é Poitiers, oferecendo a possibilidade de fazer novos tipos de queijos. Na Idade Média, a influência dos mosteiros foi decisiva: os monges tornaram-se fabricantes de queijos muito ativos, inventando novas técnicas de maturação e então novos queijos. O período de maturação, chamado *affinage* [afinação], que pode durar de alguns dias a vários anos, é fundamental para a textura e a intensidade do sabor.

Aos poucos, os camponeses substituíram os monges. Os tempos eram difíceis. Como tinham que pagar tributos aos senhores, os camponeses encontraram uma maneira de burlar as regras ao deixarem de ordenhar as vacas antes da vinda dos coletores de impostos para depois fabricarem queijos que mantinham escondidos. No século XIII, os fabricantes de queijos criaram *fruitières*, ou cooperativas, como na aldeia de Déservilliers na cadeia montanhosa do Jura, para fazer queijos de tamanhos maiores.

PÃES, VINHOS E QUEIJOS

No século XVIII, os queijos começaram a ser exportados para as grandes cidades. Consequentemente, houve progressos nos métodos de conservação e a esterilização ocorreu a partir do início do século XIX. Por volta de 1850, Louis Gervais lançou a indústria do queijo fresco com o famoso *petit suisse*, que até hoje faz as delícias das crianças. Em 1864, Louis Pasteur, químico e biologista, descobriu o efeito do calor sobre a destruição de bactérias nocivas como a salmonela e a listeria. Esse novo procedimento, chamado de pasteurização em homenagem ao seu descobridor, revolucionou a maneira de fazer o queijo e foi adotado pela indústria.

Hoje, a questão do queijo feito com leite cru provoca controvérsias. Nos Estados Unidos, por exemplo, o órgão responsável pela vigilância sanitária alerta os consumidores sobre os perigos desse tipo de queijo e proibiu a importação de queijos de leite cru. Os produtores, por outro lado, evocam a tradição e o sabor, garantindo que o queijo que fabricam não é perigoso e que a produção é perfeitamente controlada pelas autoridades sanitárias. Além disso, a American Cheese Society e a Oldways Foundation defendem e promovem o queijo local tradicional e lutam contra a obrigação de pasteurizar o leite. Os australianos e os canadenses fazem o mesmo.

Na França, a Appellation d'Origine Contrôlée, originalmente criada para proteger os vinhos, hoje também se aplica aos queijos, que podem ser divididos em cinco grandes grupos. Os *fromage frais*, queijos frescos, são feitos com leite coalhado de vaca, cabra ou ovelha; não têm crosta e podem ser salgados e apimentados. Os *fromages de chèvre*, queijos de cabra, podem ser macios, semimacios, semiduros ou duros de acordo com o grau de maturação. Alguns *fromages à pâte molle*, queijos de massa mole, como o brie e o camembert, não são prensados; podem ter casca aveludada e esbranquiçada, graças ao bolor responsável pelo amadurecimento da peça, ou casca lavada, como o munster. Outro grupo é o dos *fromages à pâte persillée* ou *fromages bleus*, como o roquefort, cuja massa é inoculada com bolor de penicilina quando ainda está na etapa de coalhadura. O último grupo é o dos *fromage à pâte pressée cuite*, os queijos de massa dura; eles são prensados para que o soro saia completamente, seja por leve aquecimento da coalhada uma vez moldada, como o reblochon, seja com coalhada bastante aquecida, como o comté.

Algumas informações sobre o vocabulário queijeiro

Para transformar o leite em queijo, é possível utilizar fermentos lácteos, que são bactérias, ou o coalho, que é um líquido que contém fermentos lácteos e extratos de renina, uma enzima do estômago do bezerro. Após qualquer um desses métodos de fermentação, segue-se a coagulação, também chamada de coalhadura; o leite então se separa em coalhada (parte sólida) e soro (parte líquida).

Considera-se cru o leite que não foi aquecido, e integral o leite que não passou por um processo de desnatação. Leite pasteurizado é aquele que passou por um tratamento térmico para eliminar os micróbios ruins.

Os queijos processados são um caso distinto: são industriais, feitos com diferentes queijos tradicionais e sais emulsificantes, frequentemente com adição de leite, preservativos e corantes alimentares, como o famoso La Vache qui Rit [A vaca que ri] criado em 1921.

Queijos

região	tipo de queijo	características	melhor época na França
Nord-Pas-de-Calais, Champagne e Île-de-France	Maroilles	leite de vaca massa mole leite cru ou pasteurizado	Do final de junho ao final de setembro
	Mimolette ou boule de Lille	leite de vaca massa dura leite pasteurizado	O ano todo
	Brie de Meaux ou Brie de Melun	leite de vaca massa mole leite cru	Do final de junho ao final de dezembro
	Coulommiers	leite de vaca massa mole leite cru	Do final de junho ao final de dezembro
	Chaource	leite de vaca massa mole leite integral	Do final de junho ao final de dezembro
	Époisse	leite de vaca massa mole leite cru	De julho a fevereiro
	Munster	leite de vaca massa mole leite cru ou pasteurizado	De preferência de julho a novembro
	Mont d'Or ou Vacherin	leite de vaca massa mole leite cru	De setembro a maio
	Comté	leite de vaca massa dura cozida leite cru	O ano todo
	Bleu de Gex ou Bleu de Septmoncel	leite de vaca queijo azul leite cru ou integral	O ano todo, melhor em julho e agosto
	Langres	leite de vaca massa mole leite integral	O ano todo

PÃES, VINHOS E QUEIJOS

curiosidades

Este queijo, fabricado por monges no século VII, fazia as delícias dos reis. Tem casca alaranjada.
Maturado de 5-13 semanas. A massa interna é macia e tem gosto forte.
Entra na composição de receitas regionais com a flamiche (tipo de torta).

A palavra "mimolette" vem de "mi-mou", meio mole. Os franceses e os holandeses brigam pela
paternidade deste queijo de massa laranja que pode ser consumido jovem (3 meses de maturação),
meio velho (6-8 meses), velho (12-14 meses) ou extravelho (20-22 meses).

No reinado de Carlos Magno (742-814), o Brie de Meaux já existia, com casca branca
e massa suave. A maturação dura 4 semanas e o gosto revela um leve sabor de avelã.
O Brie de Melun é menor, mais picante e combina com o sabor da pera.

O Brie de Coulommiers é um queijo muito antigo que não deve ser confundido
com os Coulommiers artesanais e industriais fabricados em várias regiões da França.
É parecido com o Brie (menor), mas de consistência um pouco mais firme.

Até meados do século XX, este pequeno queijo redondo tinha fabricação familiar
e era vendido somente na feira de Troyes. Tem cheiro de cogumelos e creme.
A massa é macia, com sabor doce e frutado.

O mais antigo e famoso queijo da Borgonha. Foi criado por monges do vilarejo de Époisses no
século XVI. A maturação dura 4 semanas. O queijo é esfregado 2-3 vezes por semana, primeiro com
salmoura e depois com marc (conhaque) de Borgonha. Assim, a casca fica com cor de cobre.
De cheiro forte, a massa é macia, com gosto marcante.

Foi inventado no século VII por monges do vale de Munster, no sul dos Vosges. Com maturação
de 21 dias no mínimo, é lavado virado a cada dia. A casca, laranja e lisa, fica um pouco úmida.
A massa untuosa tem gosto forte. Come-se o queijo com batatas quentes cozidas na água.

Fabricado desde o século XV no Alto Jura. Maturação em adegas e depois em caixas redondas
de pinheiro por 3 semanas. Queijo muito cremoso para comer com colher. Uma opção consiste
em fazer um buraco no meio do queijo, enchê-lo com vinho branco do Jura e esquentar o queijo
em fogo brando antes de comê-lo com batatas.

Pertence à grande família dos Gruyères e já era fabricado nos séculos XII e XIII na forma de grandes
queijos redondos. O sabor varia conforme o grau de maturação: de 4 meses a 2 anos e meio.
Entra na elaboração de vários pratos, em particular a fondue.

Seu ancestral se chamava o "queijo cinza" do Jura. Assim como o Roquefort, tem pontilhos
e marcas azuis, porém trata-se de um queijo de vaca com gosto diferente e menos forte.

Queijo criado no século XVIII originalmente de fazenda e feito com leite morno. Hoje a coalhada
é drenada por 24h, desmoldada, salgada e secada. Conforme o tamanho, a maturação leva de
15 a 21 dias. A casca fica amarela ou marrom. A massa branca é cremosa, com gosto pronunciado.

VIAGEM GASTRONÔMICA À FRANÇA

região	tipo de queijo	características	melhor época na França
Alpes e Vale do Ródano	Picodon Do Ardèche ou da Drôme	leite de cabra massa mole leite integral	Setembro, outubro, novembro
	Saint-Marcellin	leite de cabra ou cabra e vaca massa macia leite cru ou pasteurizado	O ano todo
	Beaufort	leite de vaca massa dura cozida leite cru e integral	O ano todo
	Reblochon	leite de vaca massa dura leite cru e integral	O ano todo
	Abondance	leite de vaca massa dura leite cru	O ano todo
	Raclette	leite de vaca massa dura leite cru ou pasteurizado	O ano todo

região	tipo de queijo	características	melhor época na França
Provença e Córsega	Banon	leite de cabra massa mole leite cru	Do final de março ao final de setembro
	Poivre d'âne	leite de cabra ou ovelha massa mole leite cru	Do final de março ao final de setembro
	Brocciu	leite de ovelha ou cabra da Córsega queijo fresco leite cru	Maturado, o ano todo. Fresco de cabra: do final de março ao final de setembro. Fresco de ovelha: do final de dezembro ao final de junho

132

PÃES, VINHOS E QUEIJOS

curiosidades

"Picodon" quer dizer "picante" porque arde um pouco sob a língua
e tem leve gosto de avelã. Maturação mínima de 12 dias.

Pequeno queijo redondo. Para ser perfeito, precisa estar "cremoso".
Pode ser servido quente com salada e croûtons. Maturação: 2 a 6 semanas.

A origem é muito antiga embora o nome tenha aparecido apenas em 1865. Brillat-Savarin chamava
este queijo da Savoia de "príncipe dos Gruyères". Maturação de 8 meses a um ano.

Apareceu no século XIV na Alta Saboia. Naquela época, os fazendeiros deviam pagar ao latifundiário
um aluguel proporcional ao leite de suas vacas. Por causa disso, eles escondiam parte do leite com o
qual fabricavam este queijo para o próprio consumo (essa prática se chama a "rebloche").

Em 1382, a abadia de Abondance na Alta Saboia era fornecedora oficial do Papa.
Maturação: mínimo de 3 meses.

É consumido em fatias finas ("racler" quer dizer fatiar finamente) com embutidos e batatas cozidas
na água. Esquenta-se para que derreta antes de ser consumido.

curiosidades

O nome apareceu em 1270 na Alta Provence. Esse queijo não cozido é embrulhado em folhas de
castanheiro 10 dias após ter sido desmoldado. Maturação: de 10 a 40 dias.

O nome vem do provençal "pèbre d'aï", que designa a segurelha,
uma erva aromática silvestre da Provence que cobre o queijo.

Fabricado a partir do soro. 11 litros de leite são necessários
para fazer 1 quilo de queijo fresco e cremoso. Fresco, come-se quente ou frio.

VIAGEM GASTRONÔMICA À FRANÇA

região	tipo de queijo	características	melhor época na França
Auvergne	Bleu d'Auvergne	leite de vaca queijo azul leite cru ou pasteurizado	O ano todo
	Cantal	leite de vaca massa dura leite cru ou pasteurizado	O ano todo
	Fourme d'Ambert	leite de vaca queijo azul leite pasteurizado	Do final de junho ao final de dezembro
	Salers	leite de vaca massa dura não cozida leite cru	O ano todo

região	tipo de queijo	características	melhor época na França
Aquitânia, Languedoc-Roussillon e Midi-Pirineus	Bleu des Causses	leite de vaca massa dura leite cru	O ano todo
	Laguiole	leite de vaca massa dura leite cru ou integral	O ano todo, mas o melhor é fabricado de maio a outubro
	Rocamadour	leite de cabra massa mole leite cru	De março a novembro
	Cabécou	leite de cabra massa mole leite cru ou integral	De junho a setembro
	Roquefort	leite de ovelha massa dura não prensada leite cru e integral	O ano todo
	Ossau Iraty	leite de ovelha massa dura leite integral	Do final de março ao início de julho

PÃES, VINHOS E QUEIJOS

curiosidades

Criado no século XIX. Pontilhado de azul como o Roquefort, porém feito com leite de vaca, tem cheiro forte e gosto pronunciado. Maturação: 3 semanas.

O mais antigo queijo de Auvergne, apreciado desde os romanos. Maturação de 1 a 6 meses. Casca cinza e massa cor de marfim, lisa e fina. Delicado sabor de avelã.

Suas origens remetem ao século VIII. A palavra "fourme" vem de "forme" [fôrma]: tem forma cilíndrica bem particular.

O nome vem de uma linda cidade medieval. Este queijo é parecido com o Cantal, porém fabricado somente com leite cru de maio a outubro e maturado de 3 meses a um ano. Sabor levemente frutado.

curiosidades

Vem da mesma região que o Roquefort. A fabricação é semelhante, porém o Bleu des Causses é feito com leite de vaca e a maturação dura de 3 a 6 meses. A massa é macia com sabor pronunciado.

Um dos tipos de queijo mais antigos da França. A massa amarela, lisa e macia é prensada várias vezes e maturada em adega de 4-9 meses.

O mais antigo queijo de cabra do Quercy. Maturado a 10 °C por 6 dias. Massa branca, macia e que derrete. Come-se em saladas.

"Cabécou" significa pequeno queijo de cabra em occitano. Parece-se com o Rocamadour, porém um pouco mais espesso e mais picante. Maturação mínima de 10 dias.

Para apreciar todas as qualidades deste queijo excepcional, cremoso e ao mesmo tempo delicado e forte, recomenda-se deixá-lo à temperatura ambiente pelo menos uma hora antes das refeições.

Os puristas diferenciam o Ossau do Béarn do Iraty do País Basco. A casca do primeiro é alaranjada e a do segundo é mais cinza. Ambos têm massa lisa e macia com bom gosto de terroir. O Iratry é consumido em finas lâminas com geleia de cerejas negras.

VIAGEM GASTRONÔMICA À FRANÇA

região	tipo de queijo	características	melhor época na França
Bretanha, Normandia, Poitou-Charentes e Vale do Loire	Livarot	leite de vaca massa mole leite cru ou pasteurizado	Do final de março ao final de dezembro
	Camembert	leite de vaca massa mole leite cru	Do final de junho ao final de dezembro
	Pont l'Évêque	leite de vaca massa mole leite cru ou pasteurizado	O ano todo
	Selles-sur-Cher	leite de cabra massa mole leite cru	Do final de março ao final de dezembro
	Crottin de Chavignol	leite de cabra massa não prensada leite integral	O ano todo
	Valençay	leite de cabra massa mole leite cru	Do final de março ao final de setembro
	Pouligny	leite de cabra massa mole leite integral	De abril a outubro
	Sainte-Maure	leite de cabra massa mole leite integral	De março a novembro
	Chabichou	leite de cabra massa mole leite integral	Do final de março ao final de setembro

PÃES, VINHOS E QUEIJOS

curiosidades

Já consumido em Paris no século XVII, era chamado de "carne do operário". Maturado em adega por cerca de 1 mês, virado, lavado, salgado 3 vezes, sua casca fica marrom-avermelhada. A massa fina e elástica derrete na boca.

A maturação dura no mínimo 21 dias. É virado a cada 48 horas. Escolhe-se o queijo apertando levemente com o polegar a casca, que deve estar macia.

Provavelmente inventado por monges de Pont l'Évêque no século XII sob o nome de "angelot". Forma quadrada. Maturação: 2 semanas. Em geral, não se come a casca. Queijo com gosto pronunciado.

Queijo do Vale do Loire. Massa obtida com pequena dose de coalho, moldado e então salgado e coberto com cinza: salpica-se cinza de carvão vegetal, que dá à casca uma cor azul-acinzentada. Massa branca, fina e untuosa.

Fabricado por fazendeiros desde o século XVI. Coloca-se pouco coalho no leite fresco quente antes de deixar o queijo perder o soro por 15 dias, virando-o. Maturação: 5 semanas, mas alguns preferem consumi-lo mais seco (com gosto mais forte).

Queijo em forma de pirâmide truncada. Segundo a lenda, ao voltar do Egito, Bonaparte, hospedado do castelo de Valençay, teria decapitado esse queijo com golpe de sabre por lhe lembrar as pirâmides. Maturado por 7 dias, a casca azul-acinzentada fica coberta de bolor.

Com forma de pirâmide. As cabras desta região (Berry) produzem um leite rico e perfumado. A massa do queijo não é prensada nem cozida. Maturação: 2 a 65 semanas. Fresco, é perfeito para acompanhar saladas.

A fabricação deste queijo remeteria ao século VIII, e seu nome, das invasões mouras. Tem forma de longo cilindro furado no meio por uma palha. Maturação: 10 dias e conservado em cinzas. Massa homogênea.

Segundo a lenda, teria sido fabricado pelos sarracenos no século VIII: "Chabi" viria de "chebli", que significa "cabra" em árabe. É feito com leite de cabra integral. A maturação dura 10 dias. Suave, untuoso e cremoso.

está na mesa:
entre pratos, copos e talheres

O fato de se sentar à mesa hoje parece um hábito bastante natural, mas nem sempre foi assim. Os gauleses costumavam se sentar para comer, mas os romanos, ao colonizarem a Gália, aos poucos impuseram seus modos à mesa: a posição meio deitada para jantar se tornou a regra e perdurou até a Idade Média.

A partir do século V, os franceses voltaram a se sentar em um banco para comer à mesa – que, na verdade, era feita de tábuas postas sobre cavaletes, armada para as refeições e coberta por um pano comprido e dobrado; a palavra "banquete" surgiu nessa época: *"banquet"* vem do italiano *"banchetto"*, que, assim como o palavra *"banc"* [banco]", é oriunda da palavra alemã *"bank"*, do século XI.

Na corte do rei, um oficial era responsável pela manutenção das toalhas de mesa, que eram guardadas em um baú de madeira. Naquela época, as pessoas comiam com os dedos e limpavam-nos na própria toalha, uma vez que o guardanapo só apareceu no século XV. Não havia pratos, porém usava-se uma espessa fatia de pão para apoiar os alimentos. No final da Idade Média, essas fatias passaram a ser colocadas sobre tábuas de corte feitas de madeira ou metal, chamadas *tranchoirs*, trincha-dores. As pessoas costumavam compartilhar copos e colheres e pegar a comida diretamente da travessa, com os dedos e com as próprias facas, e mergulhar os pedaços de carne em molheiras espalhadas sobre as mesas.

O rei Henrique III, filho de Catarina de Médici, tentou im-por o uso de garfo na corte. O *fourchette*, esse "pequeno forcado" com dois dentes bastante compridos e espaçados, veio da Itália. Era visto como uma "curiosidade do Oriente" e usado para es-petar comidas grudentas como as frutas cristalizadas, ou ainda pedaços de carne. O clero via o utensílio como um objeto imoral, porque incitava a gula; de fato, por muito tempo o garfo perma-neceu como um sinal de sofisticação entre os nobres.

Como os pedaços menores dos alimentos costumavam cair dos dentes espaçados dos garfos, criaram-se garfos de quatro den-tes no final do século XVII. Contudo, o rei Luís XIV ainda pre-feria comer com as mãos, e muitos membros da família real o imitavam. O uso do garfo se estabeleceu definitivamente na Fran-ça apenas no final do século XVIII, junto com os guardanapos individuais, que apareceram no século XVII e eram inicialmente colocados sobre o braço ou o ombro esquerdo, depois em volta do pescoço, para proteger o rufo (um volumoso colar), para final-mente encontrar seu lugar no colo dos convidados.

Os primeiros pratos apareceram no começo do século XVI, mas os *tranchoirs* ainda foram usados até 1630. Porém, obviamen-te, os pratos feitos de estanho, prata ou até ouro eram reservados para o rei e os nobres. Mais comuns eram os pratos de madeira ou de barro cozido. Sob o reinado de Luís XV, o uso de pratos, até então vistos como um artigo de luxo, se generalizou. Os pratos passaram a ser feitos de faiança, um tipo de cerâmica originária da cidade italiana de Faenza, ou de porcelana, que começou a ser produzida em Limoges, uma cidade do sudoeste da França.

No final do século XVIII, o uso de pratos individuais se tor-nara comum. A palavra francesa para "prato" é "*assiette*", oriun-da de "*assis*" (sentado), e originalmente designava o lugar em que cada um se sentava à mesa. A palavra "*plat*", por sua vez,

VIAGEM GASTRONÔMICA À FRANÇA

refere-se à comida preparada ou ainda à louça em que a comida é servida: assim, nos restaurantes, o *"plat du jour"* é o prato do dia oferecido aos clientes.

Os copos eram feitos de estanho. Não eram colocados nas mesas, mas trazidos a pedido do convidado e depois levados de volta para serem lavados. Todos bebiam no mesmo copo. Mais uma vez, a mudança veio da Itália, mais precisamente de Murano, ilha de Veneza famosa por seus exímios sopradores de vidro. Nos séculos XV e XVI, os copos geralmente eram de vidro esverdeado, por causa do potássio que entrava em sua composição.

Já na Idade Média, manuais de *savoir-vivre* descreviam as regras do bom comportamento: como se servir à mesa e como comer adequadamente. Essas regras foram escritas por religiosos e pessoas de boa educação para ajudar os leitores a se comportarem de forma apropriada e receberem convidados de alto nível social. No século XVI, o humanista holandês Erasmo publicou o primeiro tratado da Europa Ocidental sobre a educação moral e prática das crianças, *De civilitate morum puerilium libellus,* publicado em latim em 1530, traduzido para o francês em 1537 sob o título *La civilité puérile.* O livro fez muito sucesso na Europa. Segundo Erasmo, o convidado deve tirar o chapéu antes de se sentar à mesa, após ter lavado as mãos. Quem não se comporta conforme a etiqueta se assemelha a um animal: pega a comida com as mãos como um lobo, engole grandes porções de comida como uma cegonha, abre a boca enquanto mastiga e grunhe como um porco, rói ossos como um cachorro e lambe o prato como um gato! Isso mostra que naquela época a maior parte das pessoas tinha péssimas maneiras à mesa.

No século XVII apareceram vários manuais de boas maneiras inspirados na obra de Erasmo, para ensinar os adultos a se comportarem adequadamente na corte. Também enfatizavam a higiene e a importância de saber usar adequadamente os talheres. Antes de se sentar à mesa, era imprescindível lavar as mãos. Durante a refeição, os criados costumavam derramar um pouco de água perfumada sobre as mãos dos convidados. Uma toalha era apresentada ao rei. O *Benedictus,* uma oração de graças, era recitada antes do início da refeição, de pé, e os homens deviam manter a cabeça descoberta.

A primeira regra de civilidade consistia em controlar o corpo: não era polido tossir, mastigar ruidosamente, soluçar ou arrotar, etc. Não se devia falar com a boca cheia, ou comer com a boca aberta. A segunda regra era domar o apetite; não era conveniente começar a se servir sem ter sido previamente convidado a fazê-lo, ou comer antes do "anfitrião". Recusar um prato era visto como falta de educação. Gnathon, um dos personagens dos famosos retratos de La Bruyère no livro *Caracteres ou Costumes deste século,* ilustrava o perfeito convidado sem educação:

> Não satisfeito de tomar o melhor lugar à mesa, ainda ocupa o de dois outros convidados; esquece que a refeição não é só para ele, mas para toda a companhia; apossa-se do prato e se assenhoreia de cada serviço: não se demora em nenhum dos pratos antes de ter experimentado todos; gostaria de saboreá-los todos ao mesmo tempo. À mesa, serve-se apenas das mãos; manuseia as carnes, remexe-as, desmembra-as, rasga-as e faz uso delas de tal maneira que, se os demais convidados quiserem comer, só lhes sobrarão os restos. Não se furta a nenhuma de suas repugnantes e imundas maneiras, capazes de tirar o apetite dos mais famintos; o sumo e os molhos lhe pingam do queixo e da barba; ao retirar um ragu de um prato, deixa a carne respingar em outro ou sobre a toalha; é possível seguir seu rastro. Come ruidosa e ostensivamente; revira os olhos enquanto isso; para ele a mesa não passa de uma manjedoura; limpa os dentes e continua a comer. [...] ("Do homem", 121)

Como as refeições eram um momento privilegiado para se socializar, a conversa à mesa precisava ser agradável. Assim, Erasmo recomenda que "durante a refeição, ninguém deve parecer triste ou entristecer os outros". Ninguém devia monopolizar a atenção, e cabia à anfitriã garantir que todos participassem da conversa. Os temas políticos deviam ser evitados.

Entre os livros do século XVIII sobre "boas maneiras" se encontra *Les règles de la bienséance et de la civilité chrétienne [As regras de cortesia e de civilidade cristã*], de São João Batista de La Salle, fundador da congregação religiosa dos Irmãos das Escolas Cristãs. Ele considerava falta de educação o fato de "limpar" o prato, seja com colher, garfo ou até com os dedos, ou ainda espetar um pedaço de pão ou uma fruta com a ponta da faca para levá-los à boca.

No século XIX, os bons modos à mesa se tornaram ainda mais importantes do que no século anterior. Recomendava-se formalizar o convite com pelo menos oito dias de antecedência. Cafés e licores não eram servidos à mesa, porém na sala de estar. A anfitriã dava o sinal para ir à mesa. O homem devia puxar a cadeira da mulher que estava ao seu lado. À mesa, não era conveniente recostar-se na cadeira, mas sim ficar ereto. As mulheres deviam colocar água no vinho.

E HOJE?

Todas essas regras hoje ainda são válidas, com algumas variações: as mulheres bebem vinho como os homens, mesmo que supostamente elas não sirvam vinho. Cabe aos homens garantir que o copo esteja devidamente abastecido. A religião, o sexo e o dinheiro ainda permanecem assuntos tabus, porém não mais a política. Desde que os convidados respeitem a opinião alheia, por mais diferente que seja seu ponto de vista, o debate é bem-vindo. Mas não se surpreenda se os franceses se interromperem uns aos outros de modo impolido no meio de uma conversa viva e polêmica. Eles se justificam dizendo que vivenciam o debate com paixão. Uma pausa na conversa ou um longo silêncio – "um anjo está passando", como se diz popularmente na França em tais circunstâncias – é algo constrangedor. Nesse caso, o anfitrião ou a anfitriã precisa lançar imediatamente outro assunto de conversa. Também é aconselhável evitar assuntos delicados, que possam incomodar alguns convidados, ou fazer perguntas pessoais, a menos que se trate de um amigo íntimo. Histórias engraçadas sobre situações reais da vida ou conhecimentos sobre a história e a cultura francesas em geral são apreciados. Falar em voz alta é visto como algo normal. Entretanto, qualquer tipo de comportamento excessivo deve ser evitado: beber demais, falar ou até comer demais. Elogios à comida sempre agradam à anfitriã. Pedir uma receita pode ser indelicado caso a anfitriã não queira compartilhar seus segredos, e talvez não tenha sido ela que tenha preparado o jantar!

Atualmente, os franceses jantam entre 20 e 21 horas, mas esse horário mudou várias vezes no decorrer dos séculos. Do Renascimento à Revolução, o que era chamado de "jantar" de fato correspondia ao "*déjeuner*" (almoço) moderno. A refeição da noite era chamada de "*souper*" (ceia). Na época da Revolução, o almoço era servido por volta das 11 horas; o jantar, entre 17 e 18 horas; e a ceia, após o teatro ou a ópera. Hoje, os franceses jantam mais tarde que os anglo-saxões, porém mais cedo que os espanhóis.

Se você for convidado para jantar na casa de uma família francesa, os seguintes conselhos podem ajudá-lo a se sentir mais confiante:

- Capriche no traje. Os franceses prestam atenção à moda, e a ideia que eles têm da "roupa casual" não é tão descontraída quanto em muitos outros países, salvo se os convidados forem jovens e não convencionais. Não traga amigos ou animais de estimação sem antes ter pedido autorização para isso.
- Não chegue cedo demais, nem na hora marcada. Espera-se que você chegue com dez ou quinze minutos de atraso (não mais), para que a anfitriã tenha tempo de finalizar os preparativos. Se, por algum motivo, você perceber que vai se atrasar mais de trinta minutos, dê um telefonema para avisar. Porém, quanto mais você descer ao sul do país, mais flexível se tornará o horário.
- Sempre traga um pequeno presente para os anfitriões. Podem ser flores (evite os crisântemos, considerados como flores funerárias, e as rosas vermelhas, símbolo de amor). Em caso de jantar formal, é até bem-visto mandar entregar flores antes. Uma garrafa de vinho de boa qualidade é sempre apreciada. Contudo, não se surpreenda se o anfitrião a guardar para outra ocasião. Com certeza, ele já terá plane-

VIAGEM GASTRONÔMICA À FRANÇA

jado os vinhos da refeição. Chocolate também é uma boa pedida. O presente deve ser embrulhado com capricho.

- O aperto de mão é uma forma comum de saudação. Os amigos podem se cumprimentar com dois beijos na bochecha, um à esquerda e um à direita. Em geral, são dois beijos, mas, conforme a região, três ou até quatro beijos são comuns. Espera-se que você diga "*bonjour*" (bom dia) ou "*bonsoir*" (boa noite). Ao ser apresentado aos outros convidados, preste atenção no que se diz a respeito deles e, na medida do possível, tente se lembrar dos nomes.

- Antes de ir à mesa, seus anfitriões provavelmente vão convidá-lo a se sentar no sofá da sala de estar e tomar um drinque, um aperitivo, com ou sem álcool, com canapés ou salgadinhos, azeitonas, nozes, etc. É o momento de se entrosar, de conversar sobre o tempo, a família, o trabalho, etc. Após ter sido servido, espere o brinde antes de beber. Cada um levanta seu copo, fazendo-o tinir contra o copo de cada um dos outros convidados enquanto exclama "*À votre santé!*" (literalmente, "À sua saúde!"), sempre mantendo o contato visual com a pessoa com quem está brindando. Conforme a região e o grau de intimidade entre os convidados, usam-se outras expressões de mesmo sentido, tais como "*À la vôtre!*", "*À la bonne vôtre!*", "*Santé!*" ou ainda a interjeição "*Tchin-Tchin!*". Não coma salgadinhos demais para ainda ter fome na refeição que, em geral, tem cinco pratos. Então, chega a hora de ir à mesa.

- Os convidados ficam de pé em volta da mesa, e a anfitriã distribui os lugares, alternando homens e mulheres. O anfitrião e a anfitriã sentam-se cada um a uma ponta da mesa. À direita e à esquerda do anfitrião devem ficar as convidadas mais prestigiosas ou idosas, e à direita e à esquerda da anfitriã, os convidados mais prestigiosos ou idosos. Maridos e mulheres não devem se sentar um ao lado do outro, a menos que sejam recém-casados. Todos esperam de pé que os lugares tenham sido inteiramente distribuídos, e ninguém deve se sentar antes da anfitriã.

ESTÁ NA MESA

- Após colocar o guardanapo no colo, observe a maneira como pratos, copos e talheres foram dispostos à sua frente. Quanto mais formal for o jantar, maior será o número de talheres e copos.
- Garfos, colheres, facas ("*les couverts*") são postos segundo a ordem em que devem ser usados, de fora para dentro. O copo maior é reservado para a água e costuma ficar à esquerda. Os demais copos são colocados à sua direita. O segundo maior copo é para o vinho tinto, o terceiro para o vinho branco. O pão é posto na mesa em geral em pequenas cestas e não no prato. Se você se sentir confuso com alguns modos à mesa, lembre-se de seguir o que os anfitriões estão fazendo.
- Verifique se seu celular está desligado. Deixar o celular tocar durante a refeição é visto como algo indelicado (não atenda a ligação!). Se, por algum motivo, o telefone tiver que ficar ligado, deixe-o no modo de vibração, de maneira a não incomodar os demais convidados.
- Dizer "*bon appétit*" se tornou um tanto ultrapassado, mas algumas pessoas ainda usam a expressão. Nunca comece a comer antes da anfitriã. Tradicionalmente, o pão não deve ser cortado, porém rompido com os dedos. Passar manteiga no pão não é bem-visto, exceto se comer ostras com pão de centeio. Não se deve molhar o pão no molho, mesmo usando o garfo, embora seja algo usual em refeições informais. As folhas de salada devem ser dobradas e não cortadas. Esse hábito data da época em que as facas eram de prata e a acidez do vinagre podia manchar o metal.
- O queijo geralmente é apresentado em pratos grandes, e cada um dos convidados se serve. Corte a fatia no sentido do comprimento; se o queijo for redondo, corte uma fatia do centro para a borda.
- As frutas devem ser descascadas e fatiadas com garfo e faca antes de serem comidas.
- Com determinados alimentos, tais como aspargos, lagostins ou mexilhões, é possível usar as mãos. Nesse caso,

providenciam-se tigelas de água. Se não tiver acabado de comer, cruze o garfo e a faca no prato. Quando tiver acabado, coloque a faca e o garfo paralelos sobre o prato, como se estivessem marcando quatro e cinco horas!

- Sempre deixe um pouco de vinho no copo para que os resíduos da bebida se depositem no fundo. Deixe o copo quase cheio se não quiser mais vinho.

- No final da refeição, os franceses costumam oferecer um *digestif*, álcool forte ou licor, para ajudar a digestão. Em geral, ele é servido no mesmo lugar em que se serviu o aperitivo. Trata-se de um momento para relaxar e continuar a conversa. Quando todos parecerem estar cansados, está na hora de ir embora. Não se retire de maneira muito abrupta. Diga que está ficando tarde e que precisa ir embora um pouco antes de fazê-lo. Agradeça aos seus anfitriões a ótima noite que passou com eles. No dia seguinte, é bem-visto dar um telefonema para agradecer aos anfitriões mais uma vez.

Guia prático para os restaurantes franceses

Na França, o que não falta são opções para comer e beber bem, seja um croissant acompanhado de um café au lait, seja um cardápio completo de cinco pratos harmonizados com os melhores vinhos. Mas aonde ir? As cidades francesas estão repletas de lugarzinhos charmosos, cada um com sua especialidade e perfil característico. A seguir, você poderá conhecer um pouco mais dos diversos tipos de estabelecimentos e planejar refeições saborosas.

Le restaurant

Em 2011, a França tinha mais de 150 mil restaurantes, que servem de fast-food a alta gastronomia, passando pelas culinárias especializadas (francesa ou internacional, regional, alta cozinha, etc., embora haja pouca demanda por comida vegetariana) com os mais diversos preços.

Por lei, os restaurantes normalmente deveriam apresentar cardápio com preço fixo, mas atualmente nem sempre é o caso. Muitos restaurantes também propõem o *plat du jour* ("prato do dia"). Vários guias ajudam o consumidor a encontrar seu preferido entre a variada oferta de restaurantes, os mais famosos dos quais são o Michelin e o Gault & Millau, sem esquecer o Bottin Gourmand e o Pudlo. Em geral, os estabelecimentos que eles destacam exibem o logotipo do guia na porta.

Le bistrot

Diz-se que a palavra é oriunda do russo: быстро (*bístro*), que significa "depressa". É o que teriam dito os soldados russos que ocuparam a França após as Guerras Napoleônicas (1803-1815).

Queriam ser servidos depressa porque não podiam beber e tinham medo de ser surpreendidos pelos superiores. Contudo, como os soldados cossacos ocuparam Paris em 1815 e a palavra "*bistrot*" só apareceu em 1884, essa etimologia é questionável. O mais provável é que a palavra venha de uma expressão regional importada pelos habitantes de Paris no século XIX e que originalmente designava criado, depois o criado de um vendedor de vinhos, em seguida o próprio vendedor e, finalmente, o lugar em que o vinho era vendido. Hoje, o bistrô é um pequeno café que em geral serve pratos simples. Porém, alguns grandes chefs deram o nome de bistrô a um anexo de seu restaurante gastronômico com oferta menor e pratos mais em conta.

La brasserie

Com um ambiente *art-déco* e garçons de camisa imaculadamente branca, longo avental preto e gravata-borboleta, as brasseries servem uma comida saborosa. Em sua origem, *"brasserie"* significava literalmente "cervejaria". Existem brasseries desde o século XVIII, época em que eram os únicos lugares autorizados a vender cerveja. Quando esse monopólio acabou, em 1791, muitos *débits de boisson* (lugares para beber) passaram a ser mais do que simples cervejarias, oferecendo um serviço variado e inovando ao propor pratos tradicionais e de boa qualidade. A partir de 1870, após a Guerra Franco-Prussiana, refugiados vindos da região da Alsácia-Lorena também abriram brasseries na capital. E muitas outras ainda surgiram em Paris no começo do século XX, frequentadas por intelectuais, artistas e políticos.

Le bar à vin ou bistrot à vin

Talvez o cabaré seja o antecessor do bar à vin, visto que se trata de um lugar aonde as pessoas vão para ter uma interação social e relaxar, tomando um bom vinho, porém sem o aspecto musical do cabaré. Diferentemente do bar ou do café, no bar à vin em geral se bebe somente vinho e nenhuma outra bebida alcoólica. E, diferentemente também do restaurante, os pratos são bem simples – um prato de frios (presunto, linguiças, patês) ou uma tábua de queijos –, feitos para acompanhar e realçar a qualidade dos vinhos, servidos em copo ou garrafa, e não o contrário. Assim, o bar à vin, como o nome indica, oferece uma ampla escolha de vinhos de ótima qualidade, produtos regionais ou até desconhecidos que podem ser apreciados a qualquer momento do dia.

Le bouchon

O bouchon é um tipo de restaurante pequeno, típico de Lyon, que serve especialidades regionais com um copo de bom vinho, preferivelmente o beaujolais ou o côtes-du-rhône, em mesas cobertas por toalhas xadrez vermelhas e brancas. Acima de tudo, os bouchons primam pelo ambiente: simples e aconchegante. Alegria e bom humor fazem parte do cardápio. Hoje, "*bouchon*" quer dizer "rolha", palavra que imediatamente remete às garrafas de vinhos bebidas nesses restaurantes.

De fato, a origem é mais complexa: a palavra "*bousche*", em francês arcaico do final do século XIII, designava um "feixe de palha". A palavra evoluiu para "*bouchon*". Três séculos depois, designava os feixes de palha pendurados acima das portas dos cabarés e albergues para restaurar os cavalos, e também seus donos com vinho. Assim, esses lugares passaram a ser conhecidos como bouchons. Por sua vez, a palavra que significa "rolha" vem do verbo "*boucher*", tampar. Hoje, apenas vinte restaurantes levam oficialmente o nome de bouchons em Lyon, já que, desde 1997, o uso do termo é submetido à certificação da Association de Défense des Bouchons Lyonnais.

Le salon de thé

O salon de thé se parece com os cafés de muitos países. Sua primeira finalidade consiste em oferecer chá, café, chocolate quente, bolos e biscoitos. Porém, em algumas casas de chá também é possível encontrar lanches, saladas ou sanduíches. Costumam encerrar o expediente no final da tarde.

Bar ou café?

Ambos servem café e bebidas alcoólicas e não alcoólicas. Porém, a diferença entre os dois é que a maior parte dos cafés tem mesas dentro e fora – um terraço na calçada. É possível beber algo e também comer pratos bem simples ou sanduíches. O bar tem estilo mais americano, com serviço apenas interno. Em um bar-tabac, espécie de tabacaria, é possível comprar cigarros, selos, passagens de metrô, cartões de estacionamento ou cartelas de loteria, etc. Nesses estabelecimentos, nos fins de semana, as pessoas costumam jogar ou apostar em corridas de cavalo (*le tiercé*).

La restauration rapide

Mesmo a França, pátria da alta gastronomia refinada e elegante, não escapou da invasão das lanchonetes que servem fast-food. Esses lugares se espalham pelas cidades e subúrbios. A maioria deles pertence a redes internacionais, mas alguns são bufês transformados em pequenos self-services ou restaurantes.

Quem é quem?

Não basta, porém, saber aonde ir para saborear as delícias da gastronomia francesa e desfrutar dos ótimos vinhos. É preciso conhecer quem são os responsáveis pela criação de todas as iguarias que chegam à mesa. A seguir, um resumo dos principais funcionários de um restaurante, desde a cozinha até o salão.

Le garçon

Atrás do balcão do café, na sala ou no terraço, o garçom sempre está ativo, limpando e passando um pano nas mesas, anotando os pedidos, servindo os clientes, elegante em seu uniforme – camisa branca com gravata-borboleta, calça e paletó pretos e sapatos brilhantes. O garçom francês (que também é chamado *serveur*) assume várias funções e precisa ser eficiente e estar em boa forma: seja para navegar entre as mesas, seja para se movimentar do balcão até os clientes e vice-versa, ele precisa treinar para percorrer vários quilômetros por dia. Há tempos, uma vez por ano, em Paris, acontecia uma corrida de garçons nas ruas da capital – na verdade, eles caminhavam depressa, já que era proibido correr –, de uniforme e sapatos sociais (sem tênis!), segurando uma bandeja redonda em uma das mãos, sobre a qual levavam uma garrafa, três copos e uma xícara cheia de café. A tradição dessa corrida ainda perdura em algumas cidades da França, entre as quais Marselha, Lille e Dijon.

O garçom francês é sério. Não espere vê-lo sorrir: ele age como um profissional. Não está ali para ser seu amigo. Como o serviço está incluído na conta (15%), ele não trabalha pela gorjeta, mesmo que seja hábito deixar um pequeno trocado na mesa. O garçom tem excelente memória e não costuma cometer erros. É discreto e não apressa os clientes. Às vezes, ao contrário, é o cliente que precisa chamar a atenção do garçom para poder pedir, levantando o braço ou fazendo um gesto de mão. Chamá-lo de *monsieur* (senhor) é mais conveniente do que de *garçon*. A garçonete é a *serveuse*, e os clientes a chamam de *mademoiselle* (senhorita).

No restaurante, o serveur serve a comida e as bebidas aos clientes e recolhe os pratos entre os serviços (em grandes restaurantes existem vários *commis* [cumins, auxiliares de garçom], conforme a tarefa), enquanto o *chef d'étage* (chefe de equipe) – ou, às vezes, o *chef de rang* (chefe de fila), em estabelecimentos menores – explica o cardápio e anota os pedidos. Nos bares, a pessoa que serve no balcão é chamada de barman.

Le maître d'hôtel

Datada do século XIII, a palavra "*maître*" significa "mestre" e é usada em várias profissões. Em inglês, foi abreviada para *maitre d'*. Responsável pelo controle do serviço, o maître d'hôtel recebe os clientes, levando-os à mesa, garantindo que haja uma boa coordenação entre a sala de jantar e a cozinha e supervisionando a equipe de garçons. Também deve tratar das eventuais queixas e verificar as contas. O famoso chef Carême costumava comparar o maître d'hôtel a um general que precisa ter as qualidades humanas requeridas para liderar as tropas. Apenas ele tem o direito de levantar a voz. O maître d'hôtel é encontrado em estabelecimentos de alto padrão. Nos demais, há um *chef de salle* (chefe de sala), ou então o próprio gerente do restaurante cumpre essa função.

Le sommelier

No século XIII, ele cuidava... das *bêtes de somme* (bestas ou burros de carga), isto é, o gado ou os cavalos usados no carregamento de peso. Um século depois, a palavra designava quem cuidava do transporte de bagagens, e mais tarde quem era encarregado da cerâmica, da roupa branca e do porão da casa. No século XVII, o sommelier punha a mesa e preparava o vinho – porém não servia a bebida, como a função hoje requer. O sommelier compra o vinho para o restaurante e organiza a lista de vinhos. Obviamente, seu papel é de extrema importância no restaurante, já que ele aconselha os clientes sobre a escolha do vinho. Em grandes estabelecimentos, há vários sommeliers, e a equipe é liderada pelo caviste ("*cave*" significa "adega" em francês). O sommelier não deve ser confundido com o *œnologue* (enólogo), especialista nas técnicas de produção de vinho que aconselha os *vignerons* (viticultores).

Le chef

Antes chamado de maître queux (do verbo latino *coquere*, cozinhar), ele, claro, é o mestre, o artista. É reconhecível por sua alta *toque* (touca), um chapéu branco e alto, plissado e engomado, o dólmã transpassado, que pode ser usado do avesso para esconder manchas, e é feito de espesso algodão branco para protegê-lo do calor do fogão. A cor branca simboliza a limpeza perfeita. Diz-se que Carême estava em Viena quando um dia viu que um dos cozinheiros não usava o chapéu redondo comumente utilizado naquela época e que parecia uma touca de dormir, mas sim uma touca que despertava a admiração de todos. Carême então disse ao imperador austríaco que os cozinheiros precisavam parecer saudáveis, e a touca redonda e achatada lhes dava um ar doentio. O imperador concordou. Dois ou três anos depois, o novo chapéu foi adotado por alguns cozinheiros de Paris, mas a forma e a altura da touca mudaram várias vezes até 1900, quando encontrou sua forma definitiva.

O chef principal encabeça um sistema criado por Auguste Escoffier, chamado "brigada de cozinha". A expressão remete apropriadamente a um modo militar de organizar o trabalho, com rigorosa hierarquia e especialização das tarefas. O chef cria novas receitas, escolhe os ingredientes e treina os aprendizes. Assim como um maestro dirige sua orquestra, ele coordena os diferentes "músicos" para que cada um toque a partitura sob seu comando: *cuisiniers* (cozinheiros), *commis* (aprendizes de cozinheiro), *apprentis* (aprendizes), *entremetiers* (preparadores de entradas), *sauciers* (preparadores de molhos), *rôtisseurs* (cozinheiros encarregados dos assados), *poissonniers* (cozinheiros encarregados dos peixes), *potagers* (cozinheiros encarregados das sopas), *légumiers* (cozinheiros encarregados dos legumes), *garde-mangers* (supervisores de despensa que preparam hors--d'oeuvres e saladas, e organizam os bufês), *pâtissiers* (doceiros). Contudo, nos grandes restaurantes também existem os cargos de *boulangers* (padeiros) para os pães, os bolos e as *viennoiseries* (pães doces, croissants e brioches), os de *confiseurs* (confeiteiros) para os petits fours e bombons, e os de *glaciers* (sorveteiros) para as sobremesas frias e geladas.

E não podemos omitir quem cuida da lavagem da louça, ou da colocação dos pratos no lava-louça. Em francês, é chamado de *plongeur* (mergulhador), embora as pias não sejam mais profundas na França do que em qualquer outro país. No que diz respeito ao homem encarregado de estacionar o carro dos clientes, o nome inglês *valet* vem da palavra francesa "*valet*", que designa criado. Em francês, usa-se hoje uma palavra menos depreciativa: *voiturier* ("*voiture*" significa "carro" em francês), ou manobrista.

pé na estrada:
anotações da viagem

Idas e vindas,

por Paulo Farkas Bitelman

Quando resolvi largar tudo – trabalho, amigos, família e o conforto da vida no Brasil – para passar um tempo dedicando-me à minha grande paixão, a gastronomia, não tive dúvida do lugar aonde deveria ir. A França é um país de tantas histórias gastronômicas, um local onde comer, cozinhar e degustar são ações quase tão importantes como respirar, que tinha certeza de que aquele era o ponto de partida perfeito para me aprofundar mais no mundo da boa mesa.

Encontrei Mme Odile logo no começo da minha jornada e descobri que dividíamos a mesma paixão pela gastronomia. As aulas começavam acompanhando os livros de gramática, mas, sem percebermos, logo se transformavam em longas e empolgantes conversas sobre as receitas clássicas, a história dos chefs famosos de ontem e de hoje, as melhores regiões gastronômicas e suas especialidades. Ela tinha começado a escrever um livro sobre a história da gastronomia francesa, então nossos papos eram recheados de curiosidades sobre os costumes à mesa de um país que me encantava dia após dia com sua abundância.

Aventurar-me a escrever um livro, mesmo que a quatro mãos, não tinha passado pela minha cabeça quando aterrissei na França, mas o convite de Mme Odile para transformar a história que ela contava em experiências reais e bastante pessoais foi impossível de recusar. Era a oportunidade de relatar tudo de incrível que eu testemunhava durante minhas andanças gastronômicas pelas diversas regiões do país, de compartilhar sabores e sentidos, de dividir as belas paisagens do caminho com o mundo. Caneta e papel em punho, a partir de então segui o roteiro delineado por Mme Odile para me perder nas estradinhas do interior da França e encontrar ingredientes locais, puros e inesquecíveis.

Após meses de viagens e pesquisas, chegou a hora de voltar ao Brasil e finalizar o livro a distância. Foram meses e meses de trocas de mensagens em inglês, francês e até em português (mais de uma vez ela me mandou mensagens em português com a ajuda de amigos) e diversas sessões animadas de conversa *online*. Reunir os textos de história e pesquisa com relatos da viagem não foi tarefa simples, mas estávamos empenhados em fazer esse tricô para trazer ao leitor uma combinação de teoria e prática que retratasse todo o apreço e o respeito que temos pela gastronomia francesa.

Outro desafio foi definir a hora de parar a pesquisa. O mundo da gastronomia na França é infinito, e suas histórias, especificidades e anedotas são inúmeras. Escolher que experiências deveriam ser incluídas neste livro foi um processo trabalhoso, durante o qual tivemos que abrir mão de alguns relatos e, com o coração apertado, fazer os cortes necessários.

Cada ingrediente degustado, cada refeição feita, cada propriedade visitada, tudo isso forma o conjunto que nos direcionou por bons caminhos e nos ajudou a definir a seleção apresentada neste livro. Isso não quer dizer que cada leitor não possa explorar outros caminhos e vivenciar a própria experiência, o que aliás incentivo com todas as minhas forças.

O grande barato da França é isto, perder-se por suas inúmeras cidadezinhas, com relações distintas com a gastronomia, com os ingredientes locais e os antigos costumes. Seja onde for, os franceses dão importância cerimonial às refeições e a todo o processo de preparação dos alimentos, e isso é algo que precisa ser sentido, degustado, saboreado por si, pelo menos uma vez na vida.

Este é um relato bastante informal da minha experiência. Convido o leitor a embarcar nesta viagem gastronômica e conhecer mais a fundo os cenários onde viveram personagens como Escoffier, Carême, Bocuse, Ducasse e tantos outros, esperando assim estimular outros a seguirem o próprio caminho em busca de sabores incomparáveis. Espero que gostem. Boa viagem e *bon appétit*!

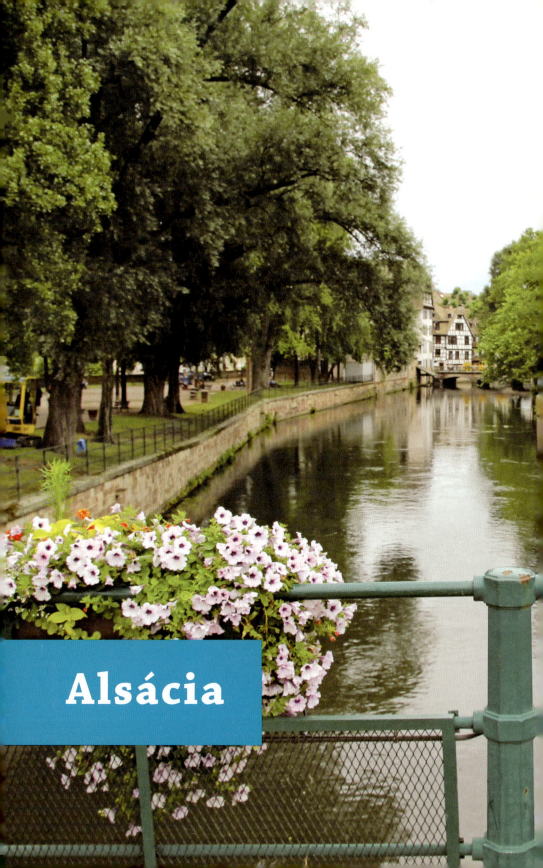
Alsácia

Já pensou estar na França e, em vez de boulangeries vendendo croissants e pain au chocolat no café da manhã, só houvesse padarias repletas de pretzels? Bom, é o que acontece na Alsácia, região que une a base gastronômica francesa à forte influência dos países vizinhos – Alemanha, Bélgica e Luxemburgo. Por muitos anos, os franceses disputaram esse território com os alemães, que o mantiveram sob seu domínio desde a guerra franco-prussiana em 1870 até o fim da Primeira Guerra Mundial, depois novamente durante os anos de Hitler para, finalmente, se retirarem em 1945. Assim, é fácil entender por que essa região repleta de lagos, montanhas e florestas tem uma longa tradição gastronômica influenciada pela cozinha alemã.

Na Alsácia, as winstubs dominam a cena gastronômica tradicional. Tavernas típicas, com ar caseiro e despretensioso: é nesses simpáticos estabelecimentos que se come o que há de melhor na região. Galette de batata, quenelle de foie (bolinho de fígado) e flammekueche (massa fina coberta por queijo cremoso, delicadas rodelas de cebola e toucinho fatiado e picado, semelhante a uma pizza) são alguns exemplos de pratos típicos repletos de sabor e vigor para combater o forte frio da região encontrados nessas casas, sempre em porções bem servidas e a preços bastante acessíveis.

Um pé lá e outro cá

Por causa de sua localização fronteiriça, a gastronomia da Alsácia contempla os costumes e as tradições de franceses e alemães, harmonizando-os em pratos reconfortantes e muito saborosos. A grande variedade de frutas da região, como groselhas, cerejas, mirabelles (espécie de ameixas amarelas), ameixas, peras e framboesas, inspira a composição de deliciosas sobremesas, geleias e licores.

O chucrute é uma conserva típica da região, feita com repolho branco finamente fatiado, água e sal;

algumas receitas podem levar vinho branco e creme azedo, além de temperos como zimbro e kümmel (alcaravia, uma parente do cominho). Pode ser servido como acompanhamento para carnes, peixes ou aves, mas sua ocorrência mais frequente é ao lado das famosas salsichas cobertas da potente mostarda de Dijon. Um prato de todo dia, cartão de visita da Alsácia. É por causa da sua popularidade que a região é responsável por mais de 75% de toda a produção de repolhos da França. Um dos melhores chucrutes da região é servido na bem localizada e charmosa winstub L'Ami Shultz, no coração de Estrasburgo, capital da Alsácia.

Já o baeckeoffe é um assado de carnes de porco, de boi e de carneiro feito em panela de barro e servido com batatas e vegetais. Sua preparação é feita em forno a lenha, lentamente, às vezes por até 24 horas. Essa é uma iguaria tradicionalíssima na região, cuja tradução literal é "prato do padeiro", porque era preparado nos fornos das padarias às segundas-feiras, dia em que era proibida, na Alsácia, a produção de pães. Um dos mais reputados baeckeoffes pode ser degustado no restaurante La Grappe d'Or durante uma visita ao lindo vilarejo de Riquewihr, localizado perto da cidade de Colmar.

Queijo dos monges

Originário do vilarejo homônimo encravado na floresta montanhosa de Vosges, o queijo munster está presente em variados pratos da culinária alsaciana, como na quiche alsacienne e nas pommes de terre aux fondant de munster (batatas cobertas com queijo derretido). Seu nome é derivado da palavra francesa "*monastère*", porque dizem que os mon-

ges foram os primeiros a produzir essa iguaria.

Pode ser consumido desde fresco até bastante maturado, e um dos melhores lugares para fazer uma degustação é na famosa Fromagerie Antony, em Vieux-Ferrette, a 100 quilômetros de Colmar. É um programa imperdível para quem quer se deliciar não apenas com o munster, mas também com outros queijos maravilhosos, como o carré de l'Est e o cremoso cancoillote.

Dirigida por Bernard Antony e seu filho Jean-François, a queijaria é fornecedora exclusiva de nada menos que dezoito restaurantes três-estrelas da França e de outros países. Detalhe: a empresa só vende para esse tipo de restaurante de alto nível, pois Antony afirma que não teria capacidade de produzir com qualidade para outros restaurantes. Essa exclusividade também é um dos motivos pelos quais os queijos Antony são tão reconhecidos

e requisitados por personalidades, como o príncipe Albert de Mônaco e a rainha Elisabete II da Inglaterra.

Logo na entrada da discreta casa onde mora, matura e comercializa queijos locais e de outras regiões, Bernard Antony ostenta um mural com fotos de todos os famosos que por lá passaram. O carismático proprietário e seu simpático filho estão sempre dispostos a compartilhar sua paixão; uma mera visita se transforma em uma incrível aula sobre a arte de comprar queijos de bons produtores e envelhecê-los com perfeição. No final, como não podia deixar de ser, a conversa termina em uma intensa degustação acompanhada por vinhos alsacianos de excelência.

Vinhos

Falando em vinhos, há na Alsácia alguns poucos mas incríveis vinhos brancos, como veremos a seguir, e alguns bons vinhos tintos dão o ar da graça na culinária local, como ingrediente das receitas.

A maioria dos vinhedos está localizada em uma faixa de terra quase contínua de uns 120 quilômetros de comprimento por aproximadamente 3 quilômetros de largura. Os celtas que ali habitaram durante dois milênios já sabiam como tirar proveito das videiras selvagens que cresciam nas florestas à beira do rio Reno, mas foi durante os primeiros séculos da nossa era, após a conquista romana, que a cultura das vinhas começou.

O século XVI viu o apogeu da viticultura, e é possível ainda hoje encontrar magníficos casarões de estilo renascentista espalhados pelos principais vilarejos da Alsácia.

Os melhores vinhos da Alsácia são os brancos, e uma das principais uvas é a gewürztraminer (pronuncia-se "guevirztraminér"). Bastante

adocicado e perfumado, com tons florais, o vinho feito com essa uva se harmoniza com foie gras e queijo munster, além de pratos doces. Em alguns terroirs é possível encontrá-lo mais seco e com teor alcoólico alto. Outras uvas comumente utilizadas, como a muscat, compõem vinhos perfumados, ótimos para aperitivos e que acompanham bem queijos frescos e aspargos verdes. A pinot gris produz vinhos frutados e mais secos, fazendo um meio-termo delicioso com a riesling, a mais nobre das castas alsacianas, que produz vinhos secos e muito aromáticos. Dependendo do terroir, os vinhos têm acentuada mineralidade e prolongado período de guarda.

Flores

Na França, as flores são levadas a sério: é o único país do mundo que organiza competições oficiais para eleger as cidades mais floridas do país. O resultado? Ruas incrivelmente enfeitadas, sempre com flores da estação expostas nas varandas das casas, nos canteiros, nas praças e em todos os espaços públicos. As cidades vencedoras destacam com orgulho a placa "Ville fleurie", na qual pequenas florzinhas pintadas indicam as notas atribuídas pelos juízes do concurso. Quatro florzinhas é a nota máxima; na região da Alsácia, entre as quase trezentas cidades contempladas, dezoito cidades conquistaram essa honraria na última edição do prêmio: Bergheim, Bischheim, Colmar, Diebolsheim, Drusenheim, Eguisheim, Ensisheim, Guebwiller, Hirtzbach, Hohwiller, Holtzheim, Huningue, Itterswiller, Marckolsheim, Masevaux, Ribeauvillé, Sausheim e Soultzmatt.

Outra cidade florida que vale a pena visitar é Andlau. Além de

ser um charme, abriga o consulado honorário do Brasil na Alsácia. O cônsul, um ex-executivo de uma grande empresa francesa que trabalhou por anos no Brasil, é uma simpatia e adora receber brasileiros para um café em sua enorme residência no coração do vilarejo; muitos batem à porta da casa dele, que fica atrás da prefeitura.

Todo o cuidado que os alsacianos têm com as flores se reflete também à mesa, já que a apresentação dos pratos é cultivada com o mesmo esmero com que cuidam dos jardins. Quem viaja pela região pode comprovar isso ao visitar restaurantes extremamente charmosos nas enfeitadas cidadezinhas de Ribeauvillé, Obernai, Riquewihr e Ottrott, entre outras.

De norte a sul

A melhor maneira de conhecer a Alsácia, essa região que mistura flores, vinhos e ótima gastronomia, é percorrer a rota do vinho de bicicleta ou de carro. São dezenas de cidadezinhas muito bem organizadas, ligadas por estradas tranquilas e bem sinalizadas. O ideal é fazer a rota entre Estrasburgo e Thann, planejando paradas ao longo do trajeto e o pernoite em Colmar –

uma ótima opção para jantares diferenciados.

O restaurante da Maison des Têtes serve pratos clássicos em um ambiente sóbrio, com mesas bem isoladas umas das outras, proporcionando bastante privacidade. O casal de proprietários conduz o salão e a cozinha com muito profissionalismo e excepcional qualidade, indicando vinhos excelentes. A entrada composta por perninhas de rã ao pesto com minicogumelos de Paris é deliciosa, e o carpaccio de vieiras com abacate e o filé de veado também são imperdíveis. É preciso deixar espaço para degustar as opções do suculento carrinho de queijos que circula pelo salão ao fim do jantar.

Para uma refeição mais inventiva em um ambiente contempo-

ALSÁCIA

1750 proporciona uma experiência diferente com a gastronomia francesa, oferecendo pratos que vão do atum rosado em crosta de quinoa ao ris de veau salteado e caramelizado com caldo de cenoura.

Pertinho de Colmar, na cidade de Obernai, vale fazer uma refeição no Bistro des Saveurs (uma estrela no Guia Michelin). É uma experiência incrível em um ambiente convidativo, com decoração inspirada no século XIX e cheia de detalhes rústicos, como forno a lenha e facas tradicionais. Esse restaurante consegue unir o rigor técnico à simplicidade, montando pratos que impressionam pela beleza e pelo sabor, como a salada de legumes ao molho de ervas e gengibre e o filé de javali ao molho de vinho tinto da região.

râneo, a pedida é o estiloso restaurante JY'S, sigla em referência ao nome do chef e proprietário Jean-Yves Schillinger. Bem no centrinho de Colmar, ao lado do riacho que cruza a cidade, o restaurante instalado em uma casa dos anos

Para saber mais

La Grappe d'Or, em Riquewihr – www.restaurant-grappedor.com
Fromagerie Antony, em Vieux-Ferrette – www.fromagerieantony.fr
Hôtel et Restaurant La Maison des Têtes, em Colmar –
   www.maisondestetes.com
L'Ami Schutz, em Estrasburgo – www.ami-schutz.com
Le Bistro des Saveurs, em Obernai –
   www.chateauxhotels.com/Le-Bistro-Des-Saveurs-3161
Restaurant JY'S, em Colmar –
   www.jean-yves-schillinger.com/restaurant-jys-colmar.html

Aquitânia

Situado entre a França e a Espanha, o País Basco é uma região composta por sete províncias, três delas na região francesa da Aquitânia. Sua forte autonomia em relação ao poder central dos países onde está localizado é uma das principais características da região e de seus habitantes.

O País Basco possui idioma próprio, o *euskara*. Apesar de ter sido banido durante o período da ditadura de Franco na Espanha, o *euskara* hoje é cada vez mais praticado, sendo até ensinado nas escolas. Trata-se de uma língua bastante antiga, que não tem parentesco algum com as línguas indo-europeias, e aparentemente permaneceu impermeável às influências consequentes das diversas invasões ocorridas na região. Sua origem, porém, se mantém desconhecida, e o que se nota é a pouca similaridade com os demais idiomas europeus. Na região espanhola, junto com o castelhano, ele também é considerado idioma oficial.

Entre as panelas

A cozinha basca é a que mais se distancia das demais cozinhas regionais francesas. Uma das razões deve-se a sua localização geográfica, entre o golfo da Gasconha, no oceano Atlântico, e as cordilheiras dos Pirineus, o que permite a utilização de produtos vindos do mar e também da agricultura e da criação de gado.

A pesca sempre teve forte presença na região litorânea do País Basco, principalmente a de baleias e bacalhau. Hoje em dia a pesca de atum ainda é uma das principais fontes de renda, realizada através de um método artesanal com linha, a fim de preservar a espécie. Os pescadores por vezes cozinham a cabeça do atum com tomate, cebola e pimentão, preparando a piperade, prato rústico que é tema de concurso nas festas da cidade.

A pecuária é realizada tanto nas planícies quanto nas regiões montanhosas e oferece carne bovina, suína e ovina de excelente qualidade. A cultura de milho permite ainda a criação de patos e a produção de outro elemento importante na cultura gastronômica da região, o canard gras, gordura de pato responsável pelo delicioso foie gras, típico das mesas bascas.

A região é lar de uma raça de porcos bastante particular, o *cochon noir des Aldudes* (porco negro do vale de Aldudes). Criado quase como um porco selvagem, pois passa parte do dia solto, sua carne apresenta sabor mais intenso quando comparada à de porcos criados em cativeiro. Graças a esse tipo de criação, a região produz deliciosos presuntos.

O atum e as diversas carnes e aves da região são frequentemente levados à mesa acompanhados de três ingredientes bascos bastante conhecidos: o tomate, o pimentão e a cebola branca. O famoso poulet à la basquaise e o thon à piperade são apenas alguns dos muitos exemplos de pratos que levam esses ingredientes refogados no azeite.

Quando utilizados em receitas, revelam sua importância também através das cores, que são as mesmas da bandeira da região: vermelho, verde e branco.

Outro ingrediente indispensável na cozinha basca é a pimenta d'espelette, um dos emblemas da gastronomia local. Com mais de doze diferentes espécies, seu charme está não apenas no sabor, que varia e evolui com o tempo de colheita, mas também como figura marcada nas ruas das cidades, já que adorna a fachada das casas durante o período de maturação.

Passeando pela região

A cidadezinha de Espellete é charmosa e vale a pena visitar – principalmente durante a Fête du Piment, que acontece no último fim de semana de outubro –, para entender a importância que os habitantes dão à pimenta tão apreciada na França, na Espanha e em tantas outras partes do mundo. Assim como a pimenta de Sichuan para os chineses, a pimenta de Espellete é o orgulho "nacional" dos bascos da França. Originária da América do Sul, essa pimenta foi levada para o País Basco no século XVI, beneficiando-se do micro-

clima da cidadezinha de Espelette, onde passou a ser cultivada de geração em geração e a fazer parte da cultura local. Esse condimento, que em 2000 recebeu a denomina-

> ### Fête du Thon
>
> A Fête du Thon de Saint-Jean-de--Luz reúne milhares de locais e turistas em torno de grelhas onde o rei da noite é o atum feito na brasa. Organizada todo mês de julho, a festa lembra o esforço da comunidade da charmosa cidade litorânea em juntar capital para investir no time de rúgbi local, que precisava de um empurrão para chegar à primeira divisão do campeonato nacional.

ção de origem controlada "Piment d'Espelette – Ezpeletako Biperra", é utilizado em diversas receitas locais, como o poêlée de scampis au piment d'Espellete (salteado de lagostins à pimenta de Espellete) e a axoa de veau, uma espécie de torta de vitela cozida com legumes e pimenta de Espellete.

Outra especialidade que pode ser encontrada por todas as partes do País Basco é o queijo de leite de ovelha, chamado ardi gasna, um queijo de massa dura que tem como característica principal a maturação durante vários meses e é um dos símbolos da gastronomia basca. Dependendo da duração de sua affinage (envelhecimento e maturação em cave), sua consistência se altera, proporcionando um espectro de sabores bem variado. O ardi gasna se harmoniza perfeitamente com nozes e geleias de cerejas e framboesas.

Os presuntos de Bayonne são decorrentes de um antigo *savoir-faire*. Ao contrário do que se imagina, o presunto de Bayonne não é produzido na região que leva seu nome, sendo resultado, na verdade, da criação de porcos do departamento vizinho, situado a leste da região. Eles levam esse nome porque eram exportados pelo porto de Bayonne. As peças são banhadas com sal de Salies-de-Béarn (onde se situa uma fonte de água salgada) a cada dois dias, por duas semanas, e em seguida ficam penduradas durante doze meses. O sabor é tão complexo quanto sua produção.

Outro elemento importante da gastronomia basca são os pintxos – outro nome para tapas –, a maior especialidade de San Sebastián, cidade que reúne milhões de turistas em busca de boa gastronomia. Localiza-se no extremo norte da Espanha e reúne a maior concentração de estrelas Michelin por quilômetro quadrado. É onde se localizam os restaurantes Arzak, do chef Juan Mari Arzak, Akelaŕe, do chef Pedro Subijana, Mugaritz, do chef Andoni Luis Aduriz, e Martín Berasategui, do chef de mesmo nome, estabelecimentos revolucionários que fazem jus a toda a fama que têm.

Para saber mais

Restaurante Akelaŕe, em San Sebastián – www.akelarre.net
Restaurante Martín Berasategui, em Lasarte-Oria –
    www.martinberasategui.com
Restaurante Arzak, em San Sebastián – www.arzak.es
Restaurante Mugaritz, em Errentería – www.mugaritz.com

Auvergne

Para os amantes da natureza, a região de Auvergne, de população esparsa, oferece uma surpreendente variedade de paisagens, desde vulcões adormecidos a grandes florestas e amplos vales e rios. Estamos no centro da França, onde as espetaculares montanhas atingem mais de 2.100 metros de altitude e fazem parte do Maciço Central, uma cadeia que se estende por grande parte do território francês. Essa região de terras altas é a maior área vulcânica da Europa, famosa por suas fontes termais e sua água mineral.

Auvergne é também uma região de rica herança histórica e cultural. O nome vem de uma tribo gaulesa – os arvernos. A parte da Gália habitada pelos arvernos foi invadida por romanos, visigodos, francos e anglos, até que, após muitas peripécias, acabou sendo anexada ao reino da França, em 1615. Marcas do passado ainda podem ser vistas nas igrejas românicas e nos históricos castelos e suas masmorras; a cidade de Puy-en-Velay (originalmente, a palavra "puy" significa "pico de montanha" ou "vilarejo nas montanhas"), por exemplo, é o ponto de partida da Via Podiensis, um dos principais itinerários que compõem a parte francesa do famoso Caminho de Santiago de Compostela.

Ingredientes básicos

A gastronomia da região é famosa por seus frios e embutidos, linguiças, patês e pelo fromage de tête – literalmente, "queijo de cabeça", que consiste em carne de cabeça de porco cortada em pequenos pedaços e cozida em caldo temperado. No sul, nozes e castanhas são vendidas em mercados e feiras livres e usadas no preparo de deliciosas sobremesas.

Auvergne também é uma região de criação de gado de ótima qualidade. Sob a denominação Fin Gras du Mézenc (AOC), é comercializada a carne bovina proveniente de animais de diferentes raças (Limousin, Salers, Charolais, Aubrac) criadas nos arredores do monte Mézenc, exclusivamente alimentadas de um tipo especial de feno que influencia consideravelmente seu gosto. O feno é plantado, cultivado e distribuído de acordo com rígidas regras para garantir o cumprimento do processo tradicional passado de geração em geração. É uma carne de coloração entre o vermelho e o roxo, bastante marmorizada por conta das finas linhas de gordura que lhe conferem sabor especial e a deixam extremamente macia. É um produto sazonal, comercializado apenas entre os meses de março e junho.

Outro assunto levado a sério na região são as lentilhas, primeiro vegetal a ser protegido por AOC. Os moradores de Auvergne sentem grande orgulho de sua produção. As lojas estampam diversas marcas nas vitrines, e os produtores fazem degustação para os visitantes, mostrando as inúmeras maneiras como as lentilhas podem ser preparadas e servidas.

Roquefort

Este queijo de forte personalidade, considerado pelo filósofo Denis Diderot como o rei dos queijos, foi mencionado pela primeira vez em textos do século XI. Já no século XV, o rei Carlos VI atribuiu oficialmente aos moradores do pequeno vilarejo de Roquefort, na região de Aveyron, o monopólio do *affinage* (maturação) do queijo. Os séculos seguintes confirmaram a primazia desse queijo azul em nível internacional: o roquefort tornou-se o primeiro queijo a obter o selo AOC, em 1926.

Não há maneira melhor de entender o caráter único do roquefort a não ser visitando as caves da Papillon, uma das mais renomadas fabricantes do queijo. Mesmo em pleno verão, os visitantes são convidados a usar um cobertor para se proteger do frio que reina nas cavernas subterrâneas naturais esculpidas pelo vento da montanha. A temperatura e a umidade são constantes, oferecendo as melhores condições para conservar os grandes queijos redondos por meses a fio.

A Papillon produz o queijo de forma tradicional, a partir do leite de ovelha cru. Para cultivar o famoso fungo *Penicillium roqueforti*, responsável pelo bolor utilizado na massa, assam-se grandes pães feitos do centeio cultivado nas colinas dos arredores de Roquefort. Uma vez mofado, o pão é ralado. O queijo é então perfurado com longas agulhas, e nos sulcos é introduzido o pó verde. Espera-se de três a cinco meses, período em que o queijo é virado manualmente todo dia, até chegar à maturidade perfeita. Depois é só provar para entender por que, apesar de diferentes polêmicas, os franceses sempre defendem o inimitável roquefort. Uma curiosidade: durante o governo de George Bush, os Estados Unidos sobretaxaram os queijos franceses feitos com leite cru, entre os quais o roquefort; em 2009, porém, o presidente Barack Obama assinou um acordo proibindo a taxação alfandegária dos queijos em troca da liberação da exportação de carne norte-americana.

AUVERGNE

Os queijos

Por fim, mas não menos importante, vale destacar a importância dos queijos de Auvergne, a primeira região da França a obter o selo AOC para cinco produtos, entre os quais o fourme d'Ambert, um dos mais antigos queijos franceses, que data da época dos romanos.

O saint-nectaire é um queijo cuja crosta ligeiramente grossa tem tons cinza-avermelhados e cuja massa é consistente, porém macia. Cremoso, ele desmancha na boca e logo mostra uma leve acidez e traços de nozes e ervas. O envelhecimento é feito entre cinco e oito semanas, a fim de permitir que desenvolva uma de suas principais características: o aroma bastante peculiar de cave úmida (porão onde se envelhecem queijos e vinhos) e de palha de centeio, na qual o queijo descansa durante todo o processo.

Pesado e úmido, o cantal é um queijo bastante salgado, que recebeu sua denominação AOC em 1980. Quando jovem, apresenta sabor leve com toques de leite cru; envelhecido, seu sabor se acentua, e ele passa a ser geralmente consumido no final de uma degustação.

O salers, por sua vez, tem a particularidade de ser produzido com leite proveniente de vacas que passam o quente verão nas montanhas da região. Outro detalhe é que toda a produção deve respeitar o conceito de *fermier*, ou seja, a criação dos animais, a retirada do leite e a produção do queijo devem ser feitas na mesma fazenda.

Lembrando o roquefort, o bleu d'Auvergne tem a massa úmida e o sabor amargo típicos de queijos do tipo *persillé*, aqueles pontilhados de bolor azul-esverdeado.

À mesa

Todos esses queijos têm papel importante em diferentes receitas que são especialidades da região, como a truffade – preparada com batatas e queijo cantal fresco – ou o aligot, um purê de batatas misturado com queijo fresco montanhês, cuja origem é desconhecida.

A versão mais popular da criação do aligot conta que o prato teria surgido durante um encontro de três dioceses que representavam três departamentos diferentes da região de Auvergne. Na ocasião, decidiu-se que para o jantar seriam utilizados na mesma receita os ingredientes que cada representante havia trazido, de forma a simbolizar a união. O queijo de Aveyron, a batata de Haut Pays d'Auvergne e a manteiga, o leite e o savoir-faire (conhecimento técnico de como fazer) de Gévaudan foram reunidos na mesma panela, e assim nasceu o aligot. O prato já foi considerado bastante popular, mas recentemente grandes chefs voltaram a apresentá-lo em seus cardápios, conferindo-lhe o *status* de prato requintado.

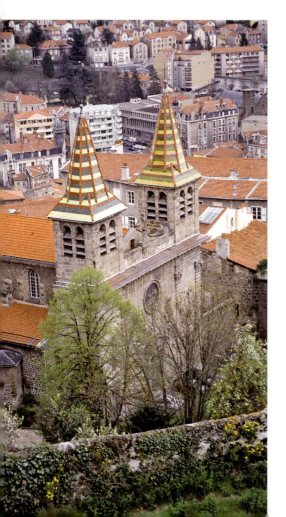

A couve entra na composição de outras especialidades da região de Auvergne, como o chou farci (couve recheada) – em que as folhas de couve servem para embrulhar o recheio feito com carne de porco ou cordeiro cozida com cenoura, cebola, salsinha e especiarias –, a soupe au chou (sopa de couve) e a potée auvergnate – prato único composto de couve, batata, cebola e outros legumes, carne de porco e linguiças.

No que diz respeito às sobremesas, são imperdíveis os macarons de Massiac, recheados com delicioso creme de amêndoa, a tarte aux myrtilles (torta de mirtilo) ou ainda os croquants, espécie de biscoitos crocantes.

Quanto aos vinhos, graças à iniciativa da Cave Saint-Verny, cooperativa de cerca de noventa viticultores, os vinhos de Auvergne voltam a fazer sucesso: entre eles, bons vinhos tintos de Boudes e excelentes rosés de Chanturgue, Châteaugay e Corent.

Passeando pela região

Não dá para falar de Auvergne sem falar de Aveyron – um departamento pegado ao sul de Auvergne que, apesar de tecnicamente estar

---

Tarte tatin

No final do século XIX, a Sologne, no centro da França, era uma região coberta por florestas e lagos, e, consequentemente, o paraíso dos caçadores. Duas irmãs, Caroline e Stéphanie Tatin, foram bem-sucedidas ao administrar um hotel que herdaram dos pais em uma pequena cidade chamada Lamotte-Beuvron. Caroline, a primogênita, recebia bem os clientes, principalmente caçadores, enquanto Stéphanie cozinhava. Entre as especialidades, uma suculenta torta de maçã. Um dia em que a sala de jantar estava especialmente lotada, Stéphanie ficou tão atarefada que colocou a torta de cabeça para baixo no forno e a serviu ainda quente. Os clientes ficaram um tanto desconcertados diante da estranha torta, mas não ousaram protestar e resolveram provar a sobremesa... Era deliciosa! Parabenizaram a cozinheira, que insistia em dizer que se tratava de um erro. Ninguém acreditou nela. No domingo seguinte, a sala de jantar de novo foi tomada por pessoas que queriam provar a excepcional torta de maçã. Em 1929, o crítico gastronômico Curnonsky apresentou a torta como "la tarte des demoiselles Tatin", e a receita, com o nome delas, se tornou um clássico da culinária francesa.

dentro da região de Midi-Pyrénées, está historicamente e culturalmente ligado a Auvergne. E sua gastronomia, conhecidíssima pelos seus queijos e restaurantes, não foge à regra.

Quem decide conhecer o centro da França e se aventurar pelas paisagens vulcânicas de Auvergne não pode deixar de fazer uma visita às cidades de Roquefort e Laguiole, ambas produtoras dos queijos que levam seu nome e são sem dúvida referência de qualidade na França e no mundo.

Laguiole é uma cidadezinha simpática, localizada nas montanhas do planalto de Aubrac, que por sua vez é conhecido pelas lindas paisagens e pela raça bovina que habita por lá e leva seu nome. Trata-se de um dos centros mais conhecidos de produção de facas artesanais, e visitar um dos produtores de facas da cidade é um programa obrigatório. Ali se pode entender a força da cultura do uso das facas artesanais e ouvir dos proprietários as histórias de que todo habitante da região carregava (alguns carregam até hoje) uma faca consigo e sempre a usava em todas as refeições como um bem sagrado. Dizem também que os restaurantes não colocavam facas à mesa, pois já presumiam que os clientes trariam as próprias.

E é nesse clima de histórias e lendas que Laguiole recebe visitantes de todas as partes do globo para degustarem os pratos de um dos restaurantes mais celebrados do mundo, o Bras, dos chefs Michel e Sebastien Bras, pai e filho, criadores do petit gâteau, copiado mundo afora. Nesse restaurante premiado com três estrelas Michelin desde 1999, a cozinha focada nos aromas e nos sabores do que é colhido na própria horta proporciona uma experiência gastronômica inesquecível. Não é de surpreender que o comensal eleja como prato predileto os "legumes da primavera", entrada simples preparada magistralmente com produtos frescos da estação.

Além de cuidar do restaurante, os Bras possuem um hotel, que faz parte do Relais & Châteaux desde 1992, no alto das montanhas de Aubrac. O cenário é perfeito para relaxar e descansar, pois fica a centenas de quilômetros de distância de grandes cidades.

Não tão longe dali, na cidade de Chaudes-Aigues, conhecida por suas águas termais quentes, fica o restaurante do grande chef Serge Vieira. O jovem chef, premiado em 2005 com o Bocuse d'Or (um dos concursos mais concorridos de chefs do mundo inteiro), empresta seu nome ao estabelecimento que já detém honrosas duas estrelas do Guia Michelin.

Para saber mais

Restaurant et Hôtel Bras, em Laguiole – www.bras.fr
Restaurant Serge Vieira, em Chaudes-Aigues – www.sergevieira.com
Château de Couffour, em Chaudes-Aigues – tel. 04 71 20 73 85

Borgonha

Coração da França, a região da Borgonha começa a menos de 160 quilômetros ao sul de Paris e se estende até Lyon. A reputação gastronômica da Borgonha foi estabelecida há quase tanto tempo quanto a de seus vinhos. Os pratos borgonheses costumam ser ricos, e o vinho tem papel importante no preparo de muitas especialidades da região. A carne de vaca tem forte presença nos cardápios, já que os pastos locais alimentam o gado da raça *charolais*, conhecido por sua carne de alta qualidade, tenra e muito saborosa. A carne da região recentemente recebeu o selo AOC, de denominação de origem controlada.

O cardápio típico

Na Borgonha, uma refeição pode ser extensa e surpreender o comensal do início ao fim. Com entradas saborosas, pratos principais marcantes e delicados doces e queijos, sair da mesa menos que satisfeito e bem impressionado não é opção.

Para começar, os famosos escargots. Esses caracóis terrestres, apesar de serem uma iguaria francesa, são muito protegidos no país, e por isso geralmente são importados da Grécia e de países do Leste europeu. São servidos na própria concha recheada com manteiga temperada com salsinha e chalotas, formando um conjunto harmonioso.

Outra entrada característica da região é o jambon persillé, uma terrina de presunto temperado com salsinha. Preparadas em uma fôrma geralmente retangular e servidas em fatias, as terrinas são uma espécie de patê; os ingredientes são envoltos em caldo gelatinoso e levados ao refrigerador para firmar. A ideia de abrir uma refeição com um patê talvez não seja muito atrativa para os brasileiros, mais acostumados a consumi-lo em coquetéis e aperitivos, mas na França as terrinas são pratos bastante comuns. Um bom jambon persillé é feito com as melhores partes do porco temperadas com ervas e cobertas por gelatina de consomê de carne, nos moldes do pâté en croûte de Lyon.

Os ovos também estão bastante presentes na mesa borgonhesa, e sua preparação desafia diariamente a criatividade dos chefs, que se esmeram para apresentar novas receitas com esses singelos ingredientes. Os oeufs en meurette são cozidos em vinho tinto ou branco local, geralmente servidos sobre uma cama de cogumelos-de-paris e pedacinhos de bacon e cobertos por um molho cremoso à base do mesmo vinho usado no cozimento, que

também pode acompanhar peixes, carnes vermelhas e aves.

Por fim, há as gougères, carolinas salgadas cuja massa (pâte à choux) recebe a adição de queijo gruyère ou comté. Geralmente são pequenas, com 3 ou 4 centímetros de diâmetro, mas se o chef quiser recheá-las com cogumelos, por exemplo, é comum que a massa seja modelada em forma de anel.

Depois de tantas entradas deliciosas, é hora de mergulhar nos fortes sabores dos típicos pratos borgonheses, dos quais os mais famosos talvez sejam o boeuf bourguignon e o coq au vin. São pratos substanciosos, feitos com carne de pescoço bovino e de frango, respectivamente, cozida lentamente no vinho tinto com cebolas, cogumelos e bacon. É o tipo de prato que geralmente é mais bem preparado e servido em restaurantes de tradição familiar situados em cidadezinhas do interior. O Le Bouchon, em Meursault, aproximadamente a 10 quilômetros de distância de Beaune, a capital dos vinhedos borgonheses, é um excelente exemplo. Há também a fondue bourguignonne, já bem conhecida dos brasileiros. Nesse prato coletivo, que estimula a congregação dos convivas, cubos de carne bovina, espetados na ponta de longos garfos de dois dentes, são fritos em óleo quente para depois serem saboreados com legumes e molhos variados.

Outras especialidades são o lapin à la dijonnaise, coelho preparado em molho à base de mostarda de Dijon, e a pochouse (ou pauchouse), um cozido de peixes de água doce (lúcio, tainha-dos-rios, carpa ou enguia) feito com vinho branco.

Depois de se deliciar com um cardápio tão emblemático, a sobremesa não deixa a desejar e acompanha a excelência dos pratos anteriores. Uma opção bastante comum são as poires au vin et au cassis, peras cozidas em vinho tinto e regadas com crème de cassis, isto é, o licor feito com as bagas da groselha. O pain d'épices, pão de mel e especiarias típico de Dijon, é ótimo para acompanhar os queijos fortes da Borgonha.

BORGONHA

Os queijos...

Falando em queijo, o típico da região é o macio époisses, feito com leite de vaca e que adquire uma crosta laranja-avermelhada após ser esfregado diariamente com marc de bourgogne, espécie de conhaque local, durante dois meses. Foi chamado de "rei dos queijos" por Brillat-Savarin. Segundo uma tradição oral, esse saboroso queijo teria sido criado por monges cistercienses no século XVI, no vilarejo de Époisses, onde ainda hoje é fabricado. O époisses é um dos quarenta queijos a ter recebido o selo AOC de denominação de origem controlada.

Além do poderoso époisses, a região da Borgonha também é conhecida por produzir queijos como o soumaintrain, famoso por seu frescor, e o cendré de vergy, cuja massa é similar à do époisses, mas seu exterior é coberto de cinzas, o que dá um interessante sabor que lembra alimentos cozidos no fogão a lenha. Outro queijo típico é o l'ami de chambertin, criado pelo mestre fromager Raymond Gaugry, que durante a produção é banhado frequentemente por vinho branco das terras de Chambertin. Visitar sua fábrica de queijos em Gevrey-Chambertin é um ótimo programa para quem quer conhecer melhor a produção e degustar uma variedade incrível de queijos da região e também de outras partes da França. A fábrica foi completamente reformada para permitir que os visitantes acompanhem todas as etapas de produção.

... e os vinhos

Os grandes vinhos da Borgonha são feitos com uma única variedade de uva – pinot noir para os vinhos tintos e chardonnay para os vinhos brancos.

Beaune, Nuits-Saint-Georges, Chablis, Meursault e Gevrey-Chambertin são apenas algumas das regiões que nos vêm à mente quando se trata dos mundialmente famosos vinhos borgonheses, cuja identidade única é fruto direto de sua localização geográfica. A área engloba 230 quilômetros de norte a sul, com 27.600 hectares de vinhedos que correm por uma linha tênue de Auxerre, no norte, a Lyon, no sul.

Chablis, mais ao norte, é conhecida por produzir os melhores chardonnay do mundo. Mais ao sul, localiza-se a Côte d'Or, a costa de ouro, uma fina faixa de terras ao longo de íngremes colinas que reúne a maior parte dos grandes vinhedos. A área é dividida em duas partes: a metade norte, chamada Côte de Nuits, produz os melhores vinhos tintos, e a metade sul, a Côte de Beaune, abriga os melhores vinhos brancos, feitos com ótimas cepas. A sub-região de Côte Chalonnaise produz vinhos a partir das uvas das castas bourgogne aligoté, mercurey e givry. Já a região do Mâconnais, no extremo sul da Borgonha, é responsável por

dar ao mundo o excelente branco Pouilly-Fuissé.

A Borgonha tem uma longa e rica história vinífera que se iniciou há mais de 2 mil anos. Pesquisas arqueológicas sugerem que os vinhos já eram produzidos desde 200 a.C., mas foi durante a Idade Média que essa produção teve sua fase áurea, principalmente graças ao trabalho dos monges beneditinos e à sua inestimável contribuição para a arte de produzir os vinhos. Primeiro, foram os beneditinos da Abadia de Cluny, fundada em 910. Em grande parte por causa de doações de nobres e ricos latifundiários em troca de suas preces, esses monges tomaram posse de todos os vinhedos dos arredores do vilarejo de Gevrey-Chambertin.

Por sua vez, os métodos de cultivo de vinhas desenvolvidos pelos monges cistercienses da Abadia de Citeaux, fundada em 1098, contribuíram para a reputação mundial dos vinhos por eles produzidos. Abbaye de Citeaux é também o nome dado ao queijo produzido na abadia, bastante conhecido na região até os dias de hoje. Sua produção anual é mínima, e toda ela é feita utilizando leite de apenas setenta vacas; seu sabor é um pouco menos forte que o de outros queijos de crosta lavada.

As doações em forma de terras não cultivadas eram comuns, e os monges, perfeccionistas, logo as transformavam em prósperos vinhedos. Eles também compraram terras apropriadas para as vinhas e os antigos vinhedos que precisavam ser revitalizados. Fundamentalmente, os monges fabricavam vinho para consumo próprio, mas vendiam o excedente da produção. Construíram muros de pedra baixos para cercar os vinhedos, os famosos *clos* (campos cercados). Um dos mais conhecidos, o Clos de Vougeot – até hoje um dos mais importantes vinhedos da França –, data de 1330.

Entre os séculos XII e XIV, os monges revolucionaram as técnicas de cultivo das cepas. Introduziram a prática de fazer crescer as videiras sobre treliças e estacas para conseguir boa exposição à luz do sol. Descobriram que o vinho oriundo de algumas partes do vinhedo era melhor, e dividiram a terra em lotes – denominados "parcelas" – de acordo com o solo, o subsolo, a exposição ao sol, a altitude e a orientação. Todos esses elementos formam o que hoje é conhecido como terroir, uma combinação única de fatores naturais que são característicos de um determinado vinhedo. Os monges também desenvolveram

técnicas fundamentais para a produção de vinho, como os devidos cuidados com o seu armazenamento, a poda das videiras, a higiene do processo e a gradação apropriada de álcool. Todos os resultados dessas experimentações foram devidamente documentados, e embora vários livros sobre vinho escritos por confrarias religiosas tenham sido destruídos durante a Revolução Francesa, os remanescentes ensinaram às gerações seguintes a arte borgonhesa de fazer ótimos vinhos.

Após a Revolução Francesa, os vinhedos que pertenciam à Igreja

A mostarda de Dijon

Os chineses já sabiam fazer mostarda há 3 mil anos. Os romanos e os gregos a usavam na cozinha e na medicina. Na Idade Média, os moutardiers costumavam vender os condimentos nas ruas, e a mostarda de Dijon já era famosa. Era preparada com as sementes de uma planta chamada *"sénevé"*, moídas e misturadas com vinagre e/ou mosto (sumo antes da fermentação) de uva. As sementes fermentadas no líquido soltam um óleo essencial que dá à mostarda seu gosto picante. Foi assim que a expressão latina *"mustum ardens"* ("mosto ardente") deu origem à palavra "moutarde" (*"moût"* significa "mosto" em francês).

Diz-se que, no século XVII, Jean Naigeon, de Dijon, teria mudado a receita, substituindo o vinagre por *"verjus"* (agraço, o sumo de uvas ainda verdes), tornando única a mostarda de Dijon. Mundialmente conhecida e produzida tradicionalmente na região de Borgonha, utiliza como base grãos de mostarda marrons (provenientes em sua maioria do Canadá), vinagre, sal e o suco de uvas verdes.

Visitar a incrível loja da Maille, uma das marcas mais antigas do mundo, fundada em 1747 em Dijon, ou a fábrica de Edmond Fallot, que permanece independente desde sua fundação em 1840, em Beaune, são programas interessantes para entender a importância do produto na região e também para aprender seu processo de produção. Na casa Fallot é possível aprender a fazer a mostarda com as próprias mãos e ainda conhecer a história do condimento através de um passeio pelo museu instalado ali mesmo.

Kir

O kir, um dos mais populares coquetéis da França, é originário de Dijon, capital da Borgonha. É feito com vinho borgonha branco e *crème de cassis* (licor de groselha). A groselha cresce em abundância nessa região, onde é utilizada em preparações doces como sobremesas com calda, musses e sorvetes. Em 1836, Auguste-Denis Lagoute fundou uma destilaria de licor em Dijon. O nome "Lagoute" até parece uma brincadeira, já que em francês significa "a gota". De qualquer modo, ao colocar bagas de groselha no álcool adoçado com açúcar cristalizado, Lagoute obteve *crème de cassis* (de fato, mais um licor do que um creme). Esse licor misturado com vinho branco se tornou um famoso aperitivo. O prefeito de Dijon de 1945 a 1968, Félix Kir, adorava a bebida. Foi cônego e herói da Resistência francesa, um movimento que lutou contra a ocupação alemã na Segunda Guerra Mundial. Foi assim que a bebida passou a ser chamada de kir. Hoje em dia, existem variantes do coquetel em que o vinho branco é substituído por champanhe (kir royal), e o licor de groselha, por licor de amora ou de pêssego.

foram confiscados e vendidos. Então, o Código Napoleônico, que impunha a divisão das terras em partes iguais entre os herdeiros, fragmentou as propriedades familiares. Hoje, os últimos grandes vinhedos existentes pertencem a vários proprietários; o Clos de Vougeot, por exemplo, tem 82 donos. Os viticultores chamam as propriedades de domaine, nome mais modesto que château, e a principal unidade geográfica é o village, o vilarejo.

Entendendo os rótulos

Existem mais de cem denominações de origem na região da Borgonha, classificadas em quatro categorias principais, baseadas na qualidade do terroir. No topo da pirâmide, estão os Grands Crus AOC, isto é, os melhores vinhos feitos com as melhores cepas. Existem 33 Grands Crus na Borgonha, o que equivale a apenas 3% dos vinhos produzidos na região. Chablis Grand Cru, Charmes-Chambertin, Gevrey-Chambertin, Clos de Vougeot, La Romanée Conti e Musigny são alguns deles. Os rótulos dessas garrafas indicam apenas em que parcela de terra as cepas foram cultivadas.

Em seguida, vem a denominação Premier Cru AOC, que se refere à qualidade das uvas e diz respeito a vinhedos com solo e exposição particularmente favoráveis. O rótulo desse tipo de vinho contém o nome do vilarejo, seguido por "Premier Cru" e o nome da parcela de terra em que as cepas cresceram. Cerca de seiscentos vinhedos recebem a denominação de Premier Cru, como Nuits-Saint-Georges Premier Cru, Chablis Premier Cru e Pommard, entre outros.

Já a denominação Village AOC indica a bebida feita exclusivamente com cepas do vilarejo de onde se origina o vinho, e o rótulo apenas menciona o nome desse local, como Chablis, Côte de Beaune e Gevrey-Chambertin. Por fim, a denominação regional se refere a vinhos de qualidade inferior, mas nem por isso ruins. As uvas podem vir de qualquer lugar da Borgonha, e o rótulo apenas menciona Bourgogne ou denominações sub-regionais, por exemplo, Bourgogne Côte de Nuits.

Para saber mais

Fábrica de mostarda – Moutarderie Fallot, em Beaune –
www.fallot.com
Fábrica de queijos – Fromagerie Gaugry, em Gevrey-Chambertin –
www.gaugryfromager.com
Loja de mostarda da Maille, em Dijon – www.maille.com
Restaurant Le Bouchon, em Meursault –
www.restaurant-le-bouchon.com

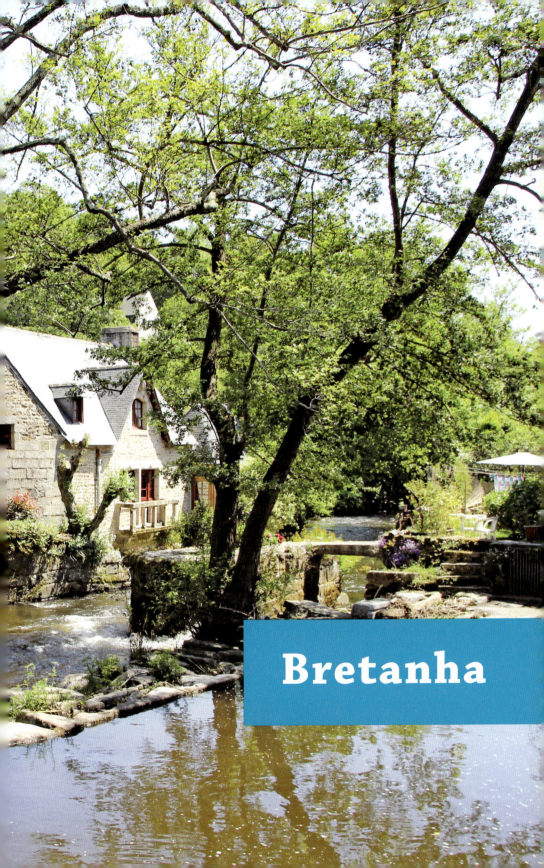
Bretanha

Antigo ducado incorporado ao país apenas no século XVI, esta península banhada pelo canal da Mancha e pelo oceano Atlântico mantém suas características culturais. A Bretanha é uma terra de menires, lendas, costas selvagens, tradição musical e ar vivificante, orgulhosa de sua língua original, ainda ensinada nas escolas. É a terra de crepes e *galettes*, de frutos do mar sempre frescos, do rico *kouign-amann* (literalmente, bolo amanteigado) e do *far breton* (pudim de ameixas), da *cotriade* (caldeirada local – a palavra bretã *kaoteriad* significa "o conteúdo de uma panela"), do mais que tradicional *kig ha farz* (espécie de cozido de carnes bovinas e suínas com legumes como couve e cenoura) e do hidromel, antiga bebida trazida pelos *vikings*, feita com mel fermentado em água, e que deu origem a um aperitivo local chamado chouchen.

Patinho feio

Alta gastronomia não é a primeira coisa que vem à mente quando se fala da Bretanha, aonde a maioria das pessoas chega com poucas expectativas nesse quesito. É provável que elas se surpreendam com a variedade de pratos, com a qualidade dos frutos do mar, com o charme das cidadezinhas e com o profissionalismo de seus restaurantes, administrados com rigor por chefs e proprietários. Dá gosto de ver.

Quando se fala da culinária da Bretanha, muitas pessoas torcem o nariz e dizem que não é uma região especialmente atraente e diversificada. A grande referência da cozinha bretã são os crepes e a sidra, considerados pouco sofisticados pela maioria dos franceses. Não obstante, esses produtos encontraram seu caminho até Paris, para onde foram levados pela mão dos migrantes pobres que se instalaram na região da estação de trem de Montparnasse. Era ali que chegavam os trens vindos da Bretanha e onde eram montadas barracas que comercializavam os produtos bretãos.

Ainda que crepes e sidra sejam, de certa forma, produtos pouco elaborados, é leviano dizer que a culinária da Bretanha se resume a seus dois ícones mais tradicionais. Logo que se chega a essa região, onde uma cultura completamente distinta da que predomina na capital se mostra já nas placas das ruas, todas

Os crepes

Para os franceses, os crepes evocam não só a região da Bretanha, mas também a Chandeleur, a Festa da Candelária. Essa festa católica celebra, no dia 2 de fevereiro, a apresentação de Jesus no Templo, e a tradição manda que se sirvam crepes para comemorar. Durante o preparo, se a pessoa conseguir virar a fina panqueca segurando a frigideira em uma mão e uma moeda (de ouro, de preferência) na outra, então terá dinheiro o ano todo. Especula-se que esse tipo de panqueca date da época dos romanos, que no século V distribuíam pequenos discos de massa aos peregrinos. Especialmente finas e saborosas, as panquecas salgadas costumam ser feitas com *blé noir* (trigo-sarraceno) e são chamadas de galettes.

escritas tanto em francês quanto no indecifrável bretão, pode-se perceber que a gastronomia ali vai muito além do que pensa a maioria dos parisienses.

Claro que, entre as centenas de creperias e sidrarias, algumas

não são recomendáveis, mas são a minoria. O mais comum é encontrar crepes salgados ou doces, cada um melhor que o outro. A mesma coisa ocorre com as sidras: há muita sidra ruim, mas geralmente os produtos feitos artesanalmente são excelentes e uma ótima companhia para as refeições na região. E o melhor é que, como a cerveja, a sidra se harmoniza com uma grande variedade de pratos.

Além dos crepes e da sidra, a culinária bretã tem ainda mais dois pilares: a manteiga, presença maciça em inúmeras receitas típicas da região, e os frutos do mar. Ostras, lagostas e lagostins, entre outros moluscos e crustáceos de qualidade superior, são pescados e processados aos montes na Bretanha, uma das maiores e melhores fornecedoras mundiais desse tipo de ingrediente. Internacionalmente conhecida, é da Bretanha que vêm as mais que famosas homards bleus, lagostas cuja carapaça de coloração azulada encanta chefs e comensais, e que abastecem mercados e restaurantes de toda a Europa. Um dos melhores programas gastronômicos para fazer na Bretanha é acordar cedo em um dos inúmeros vilarejos de pescadores e se deliciar nos mercadinhos e nas barracas que servem produtos recém-chegados do mar. Saint-Malo e Cancale, próximas do Mont-St-Michel e da fronteira com a Normandia, e Guilvinec, perto de Quimper, são ótimas opções.

Bécassine

Muitos bretões migraram para Paris no final do século XIX, após a inauguração da ferrovia entre Brest e Paris. Em geral, eram pobres que procuravam desesperadamente um trabalho e não falavam francês. Ao chegar à capital, desciam na estação ferroviária de Montparnasse, localizada na parte oeste da cidade, e muitos se estabeleciam por lá mesmo. É por essa razão que até hoje Montparnasse (especialmente a Rue du Montparnasse) tem a mais alta concentração de creperias da cidade. As moças trabalhavam como criadas nas casas das ricas famílias burguesas. Em 1906, um artista chamado Émile Pinchon criou a personagem de engraçadas histórias em quadrinhos, a jovem bretã Bécassine, que vai viver em Paris. As aventuras de Bécassine fizeram muito sucesso durante meio século, porém irritaram os bretões pelo fato de a heroína ser mostrada como uma moça ingênua, desajeitada e até boba.

Saint-Malo e Cancale

Saint-Malo está encarapitada sobre uma rocha de granito à beira do canal da Mancha, no litoral da Bretanha. Suas areias servem de refúgio tanto para os ingleses das ilhas de Jersey e Guernsey quanto para os franceses que moram no campo, e suas águas proporcionam um espetáculo belíssimo, com ondas que chegam até as paredes muradas da cidade. Com visual imperdível, essa cidade portuária já foi a região dos corsários, piratas que recebiam apoio do governo francês para atacar e roubar embarcações de países inimigos que passavam por ali.

Em Cancale se encontra uma das maiores concentrações de ostras da Europa. É o paraíso para quem aprecia a textura peculiar e o sabor marinho desses moluscos, já que essa cidadezinha charmosa e antiga se espalha pela orla, onde ficam as fazendas de ostras. Na maré baixa é possível descer para a praia e acompanhar o trabalho dos tratores que recolhem os crustáceos que estão prontos para o consumo. Em Cancale, é possível visitar uma das fazendas, como a Ferme Marine, e aprender sobre toda a cadeia produtiva, desde a criação até a comercialização. Depois, é só consumir as fresquíssimas ostras em uma das barraquinhas da praia ou sentar-se confortavelmente em um dos vários restaurantezinhos simpáticos para degustar a iguaria acompanhada de sidra ou de um vinho branco bem gelado.

Se a opção for pelos crepes, um dos melhores da região é servido na creperia La Caraque, em Saint-Malo; o clássico, com jambon, fromage et oeuf (presunto, queijo e ovo), parece simples de fazer, mas é de dar inveja a qualquer prato de restaurante três-estrelas. Outros endereços imperdíveis são o restaurante La Gourmandise, que prepara refeições impressionantemente bem elaboradas a preço justo, e o Le Chalut, clássica referência quando o assunto é frutos do mar.

Guilvinec

Guilvinec está situada no departamento de Finistère, onde a cultura dos bretões é muito presente, mesmo nos dias de hoje, em que quase tudo é globalizado. Nas redondezas estão as cidadezinhas ultracharmosas de Concarneau, Sainte-Marine e Benodet. Esta última é um centro portuário que diariamente recebe barcos que vêm descarregar a pesca. O porto é preparado para que os visitantes possam acompanhar o desembarque de toneladas de lagostins, lagostas azuis, araignées (uma espécie de caranguejo gigante sem pinças e com patas bem longas), arraias e outros pescados.

O programa fica ainda mais interessante quando se entra para conhecer La Criée, o mercado onde os pescados são comercializados.

Paris-Brest

Quem ainda não provou esse incrível bolo em forma de coroa, feito com massa de carolina e recheado com creme de baunilha, não sabe o que está perdendo. Sua denominação vem da junção do nome de duas cidades francesas, Paris e Brest, esta última a segunda maior cidade da Bretanha. Diz-se que o bolo foi criado para celebrar uma competição de ciclismo entre as duas cidades, e sua forma arredondada simboliza a roda da bicicleta.

Seu diferencial é um sistema que indica, como em uma bolsa de valores, a cotação das mercadorias: um placar eletrônico informa o tipo de peixe ou crustáceo que está sendo negociado, a qualidade, o peso e o preço mínimo, e mostra a mudança do preço conforme a demanda. A visita ao mercado é guiada, e os monitores oferecem ótimas explicações sobre as espécies locais.

Após essa imersão na gastronomia regional, é hora de colocar em prática o que foi aprendido,

visitar as lindas cidades históricas da costa sul da Bretanha e comer em restaurantes deliciosos, como Villa Tri Men e Le Café du Port – cujos donos são portugueses –, ambos com uma bela vista para o cais e a baía da cidade de Sainte Marine. A cidade de Pont-Aven, por sua vez, serviu como cenário para obras do pintor Paul Gauguin, que morou lá. A cidade dos artistas, como é conhecida, tem ótimos lugares para comer, como o simples e delicioso Sur Le Pont e o estrelado restaurante e hotel Le Moulin de Rosmadec, em frente a um bucólico riacho.

Para saber mais

Crêperie La Caraque, em Saint-Malo – tel. (+33 02) 9981-7869
Fazenda de ostras L'Aurore – www.ferme-marine.com
La Criée, em Guilvinec – www.leguilvinec.com
Restaurant e Hôtel Le Moulin de Rosmadec, em Pont-Aven –
     www.moulinderosmadec.com
Restaurant e Hôtel Villa Tri Men, em Sainte Marine –
     www.trimen.fr
Restaurant La Gourmandise, em Saint-Malo –
     www.lagourmandise.book.fr
Restaurant Le Café du Port, em Sainte Marine –
     www.lecafeduport.fr
Restaurant Le Chalut, em Saint-Malo – lechalutstmalo@aol.com
Restaurant Sur le Pont, em Pont-Aven – www.surlepont-pontaven.fr

Champagne

Depois de apenas uma hora e meia de viagem de carro, saindo de Paris, o viajante já está na região de Champagne. São diversas cidadezinhas charmosas rodeadas por enormes plantações de videiras. Em cada lote, uma plaquinha de pedra indica o proprietário: Moët & Chandon, Taittinger, Veuve Clicquot... Longe das milionárias campanhas de marketing, é nessas terras que as mais famosas produtoras mostram sua essência na simplicidade bucólica dos arredores de pequenos vilarejos.

CHAMPAGNE

O champanhe

O champanhe é inseparável da arte de viver francesa. É o vinho das celebrações, das festas e das comemorações em família.

Os vinhedos apareceram nas áreas de Reims e de Épernay por volta do século IV. Embora o solo da região fosse muito seco e aparentemente não adequado a esse tipo de cultivo, os vinhedos logo se espalharam sob os cuidados de monges e padres. Segundo a tradição, o bispo de Reims teria oferecido um pequeno barril de vinho ao primeiro rei franco, Clóvis, quando este se converteu ao cristianismo, em 498, na Catedral de Reims. Contudo, no século XVI, esses "vinhos da França" não eram muito conhecidos, mesmo sendo às vezes servidos à mesa do rei.

A Guerra dos Cem Anos (entre a Inglaterra e a França, o conflito de fato durou 116 anos, entre tréguas e retomadas – 1337-1453) e, mais tarde, as Guerras Religiosas (assim se chamam os oito conflitos entre católicos e protestantes franceses no período de 1562 a 1598) quase devastaram os vinhedos.

Por volta do ano 1600, surgiu a designação *"vins de Champagne"*. A qualidade dos vinhos melhorou muito, contribuindo para sua fama, especialmente do vinho *gris*. Esses vinhos, entretanto, não amadureciam bem em barris. Naquela época se desenvolvia na Inglaterra a indústria do vidro. Então os produtores de vinho começaram a engarrafar seu produto (para facilitar o transporte) e descobriram que um pouco de açúcar o tornava frisante. Os franceses fizeram o mesmo.

No século XVII, um monge chamado Dom Pérignon, da Abadia de Saint-Pierre d'Hautvillers (que não criou o champanhe, ao contrário do que se diz com frequência), melhorou consideravelmente a qualidade da bebida, especialmente por meio de uma rigorosa seleção e de uma boa combinação de uvas. Ele inventou o *muselet*, o arame que segura a rolha da garrafa. Os vinhos desse grande enólogo ganharam fama.

No século XVIII, eles eram conhecidos no mundo todo. O rei Luís XV e Mme de Pompadour adoravam o champanhe, assim como os cortesãos. As tradicionais famílias cujos nomes então constavam no rótulo das melhores garrafas são as mesmas até hoje: Clicquot, Ruinart, Moët, Roederer e Heidsieck. Diz-se que, 2 mil garrafas foram bebidas em um só dia à mesa do czar Alexandre I (1777-1825).

A produção de champanhe se expandiu no século XIX, passando de 6,5 milhões em 1845 a 17 milhões de garrafas em 1870. Outros nomes de famílias apareceram então, entre os quais os de famosas viúvas (*veuves*, em francês): Mme Pommery, Mme Clicquot e Mme Perrier. Infelizmente, nos anos 1860, uma minúscula praga amarela, a filoxera, começou a atacar as vinhas. À véspera da Primeira Guerra Mundial, os vinhedos estavam prestes a ser varridos do

mapa. Com persistência e trabalho duro, os viticultores venceram a batalha.

Muito além dos copos

O programa principal é rodar a região, visitando as produções artesanais, familiares e, claro, as renomadas. É possível encontrar caves que se estendem por mais de 20 quilômetros subterrâneos e datam de quando os romanos dominavam a região. Naquela época, essas estruturas foram construídas para dar apoio às buscas por cal, matéria-prima das construções romanas.

A região possui mais de mil caves, portanto, o segredo é escolher poucas e boas. Visitar três delas, de diferentes proporções, dá uma ideia bem clara de como é feito o processo champenoise, no qual a terceira fermentação é feita na própria garrafa, com fermento natural. Também será possível entender como as terras da região são classificadas em três níveis: cru, premier cru e grand cru, a melhor. Somente dezessete vinhedos da região são classificados como grand cru.

Mas a viagem não precisa ficar só na degustação de champanhe, pois a região é muito bem servida de restaurantes que valorizam a tradicional culinária local, mas também misturam a qualidade do terroir com experiências modernas, como o restaurante L'Assiette Champenoise, do chef Arnaud Lallement, em Tinqueux, pertinho de Reims. Com tochas distribuídas pelo amplo salão e pelo lindo terraço com obras modernistas, o restaurante três-estrelas Michelin oferece pratos saborosíssimos, como o bolinho de camarão de água doce ou o bacalhau cozido à perfeição e servido sobre uma cama de maçã verde picada com gengibre e coberto por uma musse de salsão, ou a combinação inusitada de vitela com foie gras ao molho adocicado à base de shoyu.

A hora dos pratos

Em um dia de sol, visitar o Château Les Crayères, da rede Relais & Châteaux, em Reims, e almoçar na Brasserie Le Jardin é um programa imperdível. A cozinha de alto nível a preços razoáveis serve, entre outras opções, terrine de presunto com foie gras temperado com cebolinhas crocantes e picles; filé de peixe ao molho de champanhe com ovas de ouriço e alho-poró; salmão envolto em massa fina e crocante com molho agridoce; brandade de bacalhau deliciosamente desfiado e gratinado; e filé de vitela com espinafre e molho de vinho tinto com um leve toque de limão confitado. O cardápio é sazonal, então é provável que uma próxima visita ofereça outras iguarias.

Um dos exemplares da culinária mais pura da região é o tradicional La Cave à Champagne, em Épernay, do excêntrico chef Bernard Ocio. O ambiente é pequeno, com decoração carregada, mas bastante aconchegante. Para os destemidos, a especialidade é tête de veau (cabeça de vitela lentamente cozida), andouillete (salsicha de tripas de porco com denominação de origem controlada) e emincé de rognon de veau (fatias de rim de vitela). Mas quem não tem estômago forte também se diverte ao degustar pratos mais leves com a mesma qualidade, como o escalope de salmão ao molho de champanhe e o pot-au-feu de vieiras.

Para saber mais

Brasserie Le Jardin (dentro do hotel Château Les Crayères), em Reims – www.lescrayeres.com
La Cave à Champagne, em Épernay – www.la-cave-a-champagne.com
L'Assiette Champenoise, em Tinqueux – www.assiettechampenoise.com

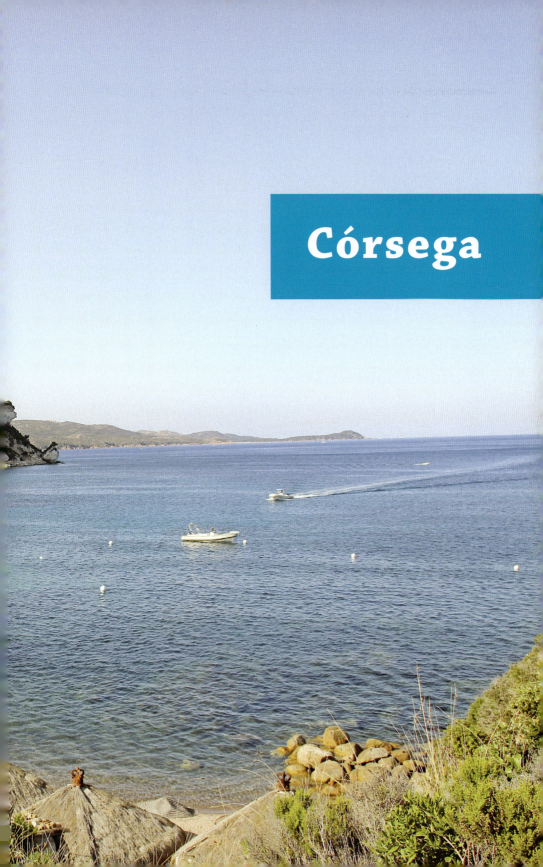

Córsega

Localizada a 200 quilômetros de Nice e a 12 quilômetros da Sardenha, com a qual antes formava uma única ilha, a Córsega é oficialmente francesa desde a Revolução Francesa. Seu mais famoso filho é Napoleão Bonaparte, nascido em Ajaccio em 1769. Suas encantadoras e selvagens paisagens fizeram com que fosse apelidada de "Île de Beauté" (Ilha da Beleza). A Córsega, atravessada do norte ao sul por uma cadeia montanhosa que parece uma coluna vertebral, conserva ardentemente suas tradições e seu idioma e oferece especialidades culinárias muito interessantes.

Um mundo à parte

A primeira impressão de quem chega à ilha é a de estar em outro país, mas sem saber exatamente a que nação aquele entorno pertence. Logo de cara se vê muito da Itália – o idioma corso lembra muito o italiano –, mas os locais logo deixam claro que estão bem distantes da cultura italiana. Muitos se definem, sem o menor constrangimento, não como franceses, mas como corsos. E é essa personalidade forte e excêntrica que marca não apenas o comportamento dos locais, mas principalmente a cultura gastronômica da ilha.

O sabor único e sutil da charcutaria corsa, muito bem representado por coppa (lombo), prisuttu (presunto seco), lonzu (macios filés defumados), figatellu (salsicha feita de fígado suíno), salamu (salsicha de salame) e terrine de sanglier (javali), é proveniente principalmente da alimentação dos porcos locais, que é feita basicamente de bagas e castanhas naturais da ilha. O principal representante dos queijos corsos, muito conhecido e apreciado por toda a França, é o brocciu, queijo fresco feito a partir do leite de cabra ou de ovelha. Lembrando a ricota italiana, esse produto é o orgulho nacional dos corsos e também um

caso particular, por se tratar do único queijo AOC (Apelação de Origem Controlada) a ser fabricado à base de *lactoserum* de ovelha, o soro de leite ou *petit lait*, como dizem os franceses. O brocciu pode ser degustado em temperatura ambiente ou levemente aquecido, geralmente até 48 horas após a produção, e vai muito bem no café da manhã, acompanhado de geleias, em especial a de figo fresco, ou simplesmente puro, com sal e pimenta. Outra combinação perfeita – e bastante corsa – é o brocciu acompanhado do mel local, que tem um gosto complexo de ervas de *garrigue*, vegetação rasteira típica da região.

Como toda ilha do Mediterrâneo, a abundância de peixes é incrível. Os pescados mais encontrados na Córsega são robalo, peixe-vermelho, dourado, bonito e os menos conhecidos, sar, mostelle e chapon. Este último é um dos mais usados para a receita de azziminu, a deliciosa bouillabaisse local.

Rodando pela ilha

A Córsega reúne algumas das praias mais lindas da Europa, portanto a sugestão é programar um belo tour pelo sudeste da ilha, na região de Porto-Vecchio. Uma boa opção de rota é começar pela pitoresca cidade de Bonifacio, no extremo sul.

A cidade se divide entre a parte antiga, que fica no topo das incríveis falésias, e o porto, um dos *endroits* (pontos) mais agitados de toda a Córsega, com vários restaurantes, bares e discotecas. É preciso estar atento aos bons endereços entre tantas armadilhas para turistas; os restaurantes Le Voilier e La

Perto de Bonifacio, a cerca de 10 quilômetros tomando-se a estrada de Porto-Vecchio, vale a pena fazer uma parada no hotel U Capu Biancu, que oferece uma pequena praia privativa bem tranquila, ao lado de um restaurante descontraído que serve delícias locais e de outras regiões da França e da Itália.

Saindo de Bonifacio em direção a Porto-Vecchio, o viajante encontra duas paradas obrigatórias: a praia de Palombaggia e a praia de Santa Giulia. Ambas são espetaculares, com água azul-turquesa e bons lugares para comer peixes e frutos do mar frescos. Em Palombaggia, a dica é o restaurante Tamaricciu, um dos mais descolados e disputados da ilha, que oferece pratos deliciosos e serviço impecável. A boa pedida é bebericar o vinho branco local Petra Bianca, AOC Figari. Aliás, uma visita à Córsega é uma ótima oportunidade para experimentar os vinhos AOC Patrimonio, Ajaccio, Sartène, Cap Corse e Porto-Vecchio, todas conhecidas como boas regiões produtoras.

A praia de Santa Giulia, mais calma e exclusiva, parece uma piscina. Um bom lugar para passar o dia é nas cadeiras de praia do Hôtel Moby Dick, onde é possível comer razoavelmente bem no bufê do restaurante.

Caravelle (dentro do hotel de mesmo nome) têm boa comida, ficam muito bem localizados na marina, ao lado dos barcos, e são ótimos lugares para jantar. O primeiro é mais discreto e calmo; o segundo parece ser o lugar favorito dos proprietários dos imponentes iates que atracam no porto. O serviço é um pouco petulante, mas mesmo assim vale a pena provar os peixes frescos, escolhidos à mesa.

Ainda um pouco antes de chegar a Porto-Vecchio, na própria estrada de Palombaggia, está o famoso Hôtel Belvédère, da rede que leva o mesmo nome e possui hotéis em Mykonos e Santorini, entre outros *hot spots* da Europa. O hotel é calmo e agradável, e seu restaurante à beira-mar, destacado com uma estrela Michelin, é uma boa escolha para quem quer comer bem, mas longe do agito de outros restaurantes de praia.

Para encerrar a busca por paraísos corsos que unem belezas naturais e boa mesa, uma visita ao Grande Hôtel de Cala Rossa é o ideal. Localizado dentro de um condomínio de belas casas de veraneio, principalmente de parisienses que se mudam para lá durante o verão europeu, o hotel também dispõe de praia privativa, com serviço excelente. Seu restaurante ostenta uma estrela Michelin e serve pratos clássicos franceses junto a especialidades mediterrâneas como o loup de Mediterranée piqué aux olives et tomates confites (robalo do Mediterrâneo com azeitonas e tomate confitado).

Para saber mais

Restaurante do Grand Hôtel de Cala Rossa, em Porto-Vecchio – www.hotel-calarossa.com

Restaurante do Hôtel Belvédère, na praia de Palombaggia, em Porto-Vecchio – www.hbcorsica.com

Restaurante do Hôtel Moby Dick, na praia de Santa Giulia, em Porto-Vecchio – www.sud-corse.com

Restaurante e hotel U Capu Biancu, em Bonifácio – www.ucapubiancu.com/fr/index.php

Restaurante Il Voilier, em Bonifácio – www.restaurant-levoilier-bonifacio.com

Restaurante La Caravelle, em Bonifácio – www.hotelrestaurant-lacaravelle-bonifacio.com

Restaurante Tamaricciu, na praia de Palombaggia, em Porto-Vecchio – www.tamaricciu.com

Gasconha

A Gasconha é uma região montanhosa dentro do Sudoeste francês, situada entre o rio Garonne e as montanhas dos Pirineus, fronteira natural entre a França e a Espanha. O coração da Gasconha está localizado no departamento de Gers, apesar de se espalhar bastante por Landes – o departamento mais agrícola da França, onde se cultiva trigo, milho, sorgo e girassol – e também por outros departamentos próximos. A região produz diversos tipos de legumes, conforme a estação do ano, e com eles os camponeses preparam a garbure, uma sopa bastante rica. Outros ingredientes característicos da região são os melões e o feijão-branco, que é a base do mais que famoso cassoulet de Castelnaudary.

Feijoada à francesa

O cassoulet poderia ser um capítulo à parte, pois quem passa pela região fica impressionado com o barulho que se faz em torno desse prato. Isso porque diversas cidades clamam ser o berço original dessa receita, que leva feijões-brancos cozidos lentamente com carne de porco, pato, ganso e cordeiro, além de legumes e muito toucinho. Toulouse, Carcassonne e Castelnaudary são apenas as cidades mais conhecidas que lutam por esse título. Visitei as três cidades e, se fosse forçado a ficar com somente uma, não pensaria duas vezes em escolher Castelnaudary. A cidade toda é tomada pelo culto ao cassoulet, praticamente todos os restaurantes da cidade se especializam e brigam entre si para ter o melhor prato. E tudo isso em uma pequena cidade que, diz a lenda, foi palco de batalhas durante a Guerra dos Cem Anos, em que os soldados franceses eram alimentados com um cozido que continha todos os alimentos disponíveis para suportar uma luta contra os ingleses.

Um ótimo lugar para experimentar um pouco de toda essa história do cassoulet de Castelnaudary é o restaurante do antigo Hôtel de France, no centro da cidade. Apesar de simples, o restaurante já obteve diversos prêmios pela sua saborosíssima receita e acabou por criar uma marca forte de cassoulets que

são vendidos na França toda e em diversos outros países com o nome de Cassoulet de l'Hôtel de France.

Segundo Phillippe Dunod, o tímido e simpático proprietário do hotel e do restaurante, os defensores do cassoulet de Castelnaudary brincam dizendo que o seu cassoulet seria o Pai, o cassoulet de Toulouse seria o Filho e o de Carcassonne, o Espírito Santo! Phillipe diz que sua receita leva os mesmos ingredientes de muitos outros restaurantes, mas que seu segredo está no cozimento perfeito e nas proporções corretas de cada ingrediente. Sua receita inclui confit de pato e de ganso da região de Landes, a linguiça de Toulouse e o cordeiro e o feijão-branco das terras vizinhas. Ainda segundo Dunod, a melhor época para visitar a cidade é o último final de semana de agosto, durante o Festival do Cassoulet, em que a cidade festeja o prato local e seus restaurantes preparam verdadeiros banquetes para mais de 60 mil turistas todos os anos.

De pato a ganso

A Gasconha também é conhecida como a região produtora do melhor foie gras da França e, por conseguinte, a terra de alguns dos

melhores restaurantes que têm essa iguaria como especialidade, além de outros pratos à base de pato e ganso. As casas de Michel Guérard, um dos mais renomados chefs da França e indicado com três estrelas no Guia Michelin, são um exemplo.

No pequeno vilarejo de Eugénie-les-Bains, a cerca de 800 quilômetros de Paris, Guérard montou um refúgio gastronômico conhecido como Les Prés d'Eugénie, um complexo de sete *maisons*, onde é possível cuidar do corpo nas águas termais pelas quais a cidade é famosa e provar o que há de melhor na

produção local em seu Restaurant Gastronomique.

L'Auberge de la Ferme aux Grives é um restaurante tradicional, com forno a lenha e tudo, onde são servidos pratos caprichados em grandes porções, num ambiente rústico e muito bem decorado. Vale destacar também que Guérard é autor de um dos livros fundamentais para entender a Nouvelle Cuisine, *La grande cuisine minceur*.

As águas termais de Eugénie-les-Bains ficaram conhecidas quando a imperatriz Eugênia de Montijo, esposa de Napoleão III, elegeu o lugar para se purificar e passar longas temporadas em seus momentos de descanso. A família de Christine Guérard, esposa do chef Michel, tinha propriedades no local, o que facilitou ainda mais as empreitadas do casal em transformar o que havia ali em um incrível complexo que une luxo, saúde e gastronomia.

Mas não é só de luxo que vive o foie gras. Os produtores, muitos deles de pequeno porte, levam uma vida simples e vendem seus artigos em suas próprias terras. Uma ótima visita a fazer é à fazenda-albergue Lacère, dos gentis e receptivos irmãos Jean-Claude e Patrick Lacère, apontados pela equipe de Michel Guérard como seus melhores fornecedores. É possível conhecer todo o processo de criação dos animais e encerrar a visita com uma refeição no aconchegante restaurantezinho, onde os pratos são preparados na lareira que fica no centro do salão. É uma daquelas experiências difíceis de esquecer, um lugar simples onde o que importa é o trabalho e o respeito para com a qualidade dos produtos, e tudo é preparado na frente do comensal.

Outro programa interessante para os amantes do foie gras é visitar o museu feito em homenagem a essa iguaria na cidade de

Gimont. Os membros da família Dubarry, produtora de foie gras e de outros derivados de pato e ganso e proprietária da famosa marca Ducs de Gascogne, viveram toda a vida em torno do foie gras e resolveram compartilhar seu conhecimento e sua coleção de objetos em um museu no andar de cima da loja. Lá também é possível degustar o foie gras, ter aulas sobre preparos de pratos com esse ingrediente e visitar a fábrica da Duc de Gascogne. Para fechar a visita, a sugestão é jantar no charmoso hotel Villa Cahuzac, de propriedade dos Dubarry, e provar diretamente da fonte o magret de canard (peito de pato) e o foie gras.

A Gasconha também é um paraíso para os gourmets que querem degustar pratos feitos com outras aves, criadas ao ar livre em fazendas de pequenos produtores, como frangos, perus, chapons (capões, frangos capados e superalimentados para engorda rápida), galinhas-d'angola e os emblemáticos gansos, que podem ser degustados na forma de confits (cozidos na própria gordura), magrets (peito) e, claro, foie gras.

Vinhos

Quanto aos vinhos, sabe-se que os vinhedos estão presentes na Gasconha desde o século I a.C. Mais

O foie gras

É crime inafiançável considerar o foie gras como um simples patê; os franceses jamais o perdoarão! É uma iguaria que se aprecia o ano todo, mas costuma ser reservada a ocasiões especiais, principalmente o Natal ou o Réveillon. O foie gras é o fígado dilatado de um ganso ou pato que foi alimentado à força com milho. Tem sabor amanteigado, único e delicioso. Apesar da concorrência de países do Leste da Europa, como a Hungria, a França é reconhecida como produtora do autêntico foie gras; ele faz parte da herança cultural e gastronômica do país.

Mas quem "inventou" o foie gras? Foram os egípcios. Perceberam que os gansos costumavam comer muito antes das migrações. Tornavam-se gordos, e seu fígado ficava especialmente delicioso durante essa época do ano. Começaram então a alimentar forçadamente as aves (significado do verbo *gaver* em francês). Essa prática data de cerca de 2500 a.C.

A prática da alimentação forçada dos gansos se espalhou do Egito à Grécia, e então a Roma. Plínio, o Velho, escreveu que os romanos entupiam os gansos "com figos secos e, quando ficavam suficientemente gordos, eram embebedados de vinho misturado com mel e imediatamente mortos". O foie gras era conhecido como *iecur ficatum* (fígado de ave engordada com figos). O figo ficou tão estreitamente associado ao fígado que se tornou a raiz da palavra francesa "foie". Após a queda do Império Romano, o foie gras parece ter sumido da mesa. Contudo, considera-se que os judeus preservaram a tradição durante a Idade Média, em que usavam gordura de ganso para cozinhar, já que a religião proibia o uso de manteiga junto com a carne ou o toucinho.

Em 1492, com a introdução do milho trazido da América por Cristóvão Colombo, retomou-se a criação de gansos, principalmente na Alsácia e no Sudoeste da França. A receita exclusiva de foie gras de ganso apareceu somente em 1835, embora a denominação "foie gras" já fosse usada antes para o preparo do fígado de outras aves. Hoje, grupos de defesa dos animais denunciam o esquema de alimentação forçada como um tratamento cruel e desumano das aves. Alguns países, como Turquia e Israel, proibiram a produção de foie gras pelo mesmo motivo.

tarde, sob a influência dos monastérios, a produção de vinhos passou às mãos da nobreza local. A partir de 1411, também se iniciou a destilação da uva para obtenção de aguardente, inicialmente utilizada pelos farmacêuticos. Depois, a bebida passou a ser consumida pura e a ser utilizada para aumentar o nível alcoólico dos vinhos, ajudando assim a sua conservação. Os *gascons* (gascões), como são chamados os habitantes da região, descobriram assim os benefícios do envelhecimento do vinho em barricas de carvalho.

O Sudoeste francês produz uma grande variedade de vinhos; os principais são o madiran, vinho encorpado da uva tannat, com bastante cor e que pode ser envelhecido por muitos anos, e o cahors, também encorpado, produzido com uvas malbec, de coloração rubi e muita personalidade.

Contudo, mais famoso que os vinhos locais é o armanhac, um dos símbolos mais fortes da gastronomia da Gasconha, ao lado do foie gras e do cassoulet. Não tão conhecido internacionalmente como seu primo conhaque, o armanhac é a *eau-de-vie* (aguardente) mais antiga da França, destilada a partir de vinhos brancos do Sudoeste francês. Sua cor alaranjada e seus aromas poderosos são razões de orgulho para a população local. A zona de denominação do armanhac (Appellation d'Origine Contrôlée) cobre a região entre os rios Adour e Garonne e se concentra sobretudo em um raio de 20 quilômetros a partir da cidade de Eauze.

Uma visita à região pode ser planejada pela Route d'Armagnac, uma estrada muito bem cuidada e sinalizada que passa ao lado das principais terras onde são plantadas as vinhas específicas para a produção da aguardente. É uma viagem linda para fazer de carro, saindo de Biarritz, Toulouse ou Bordeaux.

Para saber mais

Hôtel de France, em Castelnaudary – www.hdefrance.com
Les Prés d'Eugénie, em Eugénie-les-Bains – www.michelguerard.com
Petit Musée de L'Oie et du Canard, em Gimont –
   www.villacahuzac.com/fr/autour-du-fois-gras/le-musee
Hôtel Villa Cahuzac, em Gimont – www.villacahuzac.com

Normandia

Estendendo-se pela maior parte da costa do Canal da Mancha, desde a Bretanha até o Norte da França, a Normandia é parte importante da história, e suas cidadezinhas incrivelmente charmosas servem uma das melhores gastronomias do país. Em meados do século IX, a região foi colonizada pelos *vikings*, que cultivaram a terra e deixaram marcas na culinária local, intensa e vibrante.

Manteiga e queijo fresco são ingredientes muito importantes na cozinha normanda. Se um prato é descrito no cardápio como *à la normande*, significa que é servido com um molho feito à base de manteiga, creme de leite ou queijo e às vezes até de uma combinação dos três.

Um passeio à Normandia precisa incluir as belezas de Honfleur, a famosa praia de Arromanches, onde as tropas aliadas desembarcaram no Dia D, e a pitoresca ilhota do Mont Saint-Michel, mesmo que o objetivo principal seja gastronômico e não histórico. A sorte é que todos esses lugares contam com restaurantes deliciosos, que servem os pratos tão conhecidos dessa região bem pertinho dos locais famosos.

Honfleur

A cidade portuária de Honfleur está localizada no estuário do rio Sena, na margem oposta a Le Havre e seu porto. Berço do impressionismo, essa pequena e charmosa cidade à beira-mar foi imortalizada nas pinceladas de Claude Monet, Gustave Courbet e Eugène Boudin e foi o berço do compositor e pianista de vanguarda Erik Satie.

Em Honfleur, em meio a tantas opções de lugares onde comer, três restaurantes mostram bem o que a gastronomia local tem de melhor. No alto da cidade, La Chaumière e La Ferme Saint-Siméon, localizados dentro de ótimos hotéis, têm uma vista linda e um cardápio que mescla mar e terra, combinação presente em toda a

região. Ambos os restaurantes são elegantes: o primeiro conta com uma decoração moderna, dentro de um ambiente cheio de história, e o segundo, bem mais clássico, recebe os comensais com cadeiras pesadas e talheres de prata dentro da estrutura antiga de um típico *château* francês.

Para um almoço regado a frutos do mar, todos pescados na região, a boa pedida é Le Moulin Saint Georges, a dez minutos de Honfleur. O ambiente é despretensioso e cheio de detalhes que deixam claro tratar-se de um restaurante com tema marinho. As ostras fresquinhas e os bulots (escargots do mar de conchas de cor clara) típicos da região são uma entrada perfeita para abrir o apetite antes dos deliciosos moules et frites, mexilhões servidos no seu caldo de cozimento acompanhados de batatas fritas sequinhas, ou de um suculento salmão assado com molho e legumes.

Às quartas-feiras, das 8h30 às 13h, a Place Sainte-Catherine recebe o Marché Bio, uma feira livre de produtos orgânicos que oferece a oportunidade de experimentar frutas, legumes, verduras, queijos e diversos itens cultivados por pequenos produtores locais. É ideal para reunir os ingredientes necessários para improvisar um piquenique.

Mont St-Michel

Considerada uma das principais atrações da França, a ilha de Mont St-Michel fica na divisa com a Bretanha e recebeu esse nome por causa da abadia medieval que ali repousa há mais de mil anos. Quando a maré está alta, a ilha se separa do continente, e hoje os visitantes têm

NORMANDIA

que se valer de um *shuttle* para chegar à ilha ou fazer o caminho a pé.

Nessa região, uma das iguarias mais apreciadas é o gigot d'agneau de prés-salés, uma carne de cordeiro de sabor muito especial. Os filhotes de ovelha vivem à margem da baía do monte e se alimentam, além do leite materno, de pastos repletos de iodo, por causa da maré cheia que inunda essas planícies periodicamente. É um fenômeno interessante, que faz com que a carne fique naturalmente salgada. Nos restaurantes da região, é possível provar essa iguaria, que possui classificação AOC, e perceber um gosto especial na carne, um sabor seguramente mais salgado e um toque de ervas. Segundo os chefs, essa

percepção se acentua com a prática de degustações.

Ainda no Mont St-Michel, mas agora já dentro dos muros dessa ilhota impressionante, localiza-se o restaurante La Mère Poulard. Apesar de bastante turística, essa casa é cheia de histórias, comprovadas pelas fotos nas paredes, que mostram as centenas de personalidades que ali estiveram, de Nicolas Sarkozy a Ernest Hemingway.

O prato tradicional da casa é a omelete, que começou a ser servida séculos atrás, quando a ilha era frequentada apenas por peregrinos que mal tinham o que comer. A proprietária, Mme Poulard, num gesto de solidariedade, servia omeletes aos famintos. Sua receita, ainda mantida em segredo pelos chefs do restaurante, era tão gostosa que logo se tornou um fenômeno culinário, muito procurado

O camembert

Esta história começa em 1791, dois anos após a Revolução Francesa. O rei Luís XVI ainda está vivo, porém não por muito mais tempo. Depois da aristocracia, as perseguições agora visavam o clero. Um padre chamado Gobert fugiu para a Normandia, onde encontrou refúgio na casa da jovem camponesa Marie Harel, que vivia perto do vilarejo de Camembert e vendia na feira o queijo que fabricava. Em troca da hospitalidade, ele lhe confiou alguns segredos para que o queijo ficasse mais macio. O queijo levou o nome do vilarejo.

Anos depois, Marie Harel transmitiu seu segredo de fabricação à filha, também chamada Marie. O camembert ficou conhecido em toda a Normandia, e quando, em 1863, Napoleão III supostamente experimentou o famoso queijo em público por ocasião da inauguração da linha ferroviária entre Paris e a Normandia, o camembert se tornou moda na capital. Em 1880, Eugène Ridel teve a brilhante ideia de, a partir de lascas de madeira, criar pequenas caixas arredondadas para proteger o queijo. Assim, a fermentação não era interrompida, e o queijo podia ser exportado mais facilmente. Em 1926, um americano chamado Joseph Knirim esteve na Normandia para prestar homenagem a Marie Harel, que produzira o único queijo que ele podia digerir. Também fez uma até hoje. O pouco que a equipe do restaurante revela é que claras e gemas são trabalhadas separadamente antes de serem misturadas e levadas para assar em forno a lenha. Semelhante a uma grande lareira, o equipamento confere ao restaurante um ar caseiro e aconchegante, complementado pela atitude dos chefs vestidos com roupas típicas, que batem os ovos em movimentos cadenciados e barulhentos, compondo a melodia das omeletes de Mère Poulard.

Queijos e vinhos

Para terminar essa imersão gastronômica na terra de Asterix (a Armórica, terra dos gauleses dos quadrinhos, passou a se chamar Normandia depois da invasão dos *vikings*), não se pode esquecer

doação inicial para que se erguesse uma estátua à sua heroína. Dois anos depois, Alexandre Millerand, presidente da República Francesa, inaugurou a estátua de Marie Harel em Vimoutiers.

A história é muito interessante, porém não totalmente verídica, já que não existem provas da existência do padre perseguido ou da estada de algum membro do clero naquelas circunstâncias, além do fato de a ferrovia Paris-Granville ter sido inaugurada em 1870, e não em 1863. Não há dúvida, porém, de que Marie Harel tenha existido e fabricado excelentes queijos, embora a reputação dos queijos normandos tenha se estabelecido antes mesmo da criação do famoso camembert. De fato, os descendentes de Marie Harel souberam manter a qualidade de seus produtos e tiveram talento para o *marketing*. Infelizmente para eles, no final do século XIX, a competição com outros fabricantes de queijos, como Petit, Lanquetot e Bisson, era impiedosa. Após os trabalhos de Pasteur, o bolor típico desapareceu do camembert: a crosta branca era mais atraente para os consumidores. O camembert se tornou um importante item econômico. Em 1909, criou-se um sindicato que estabeleceu drásticas regras para a produção do queijo.

as tradicionalíssimas bebidas da região. Os normandos gostam de vinhos e os tomam com certa frequência, mas o que mais se vê nas mesas dos restaurantes são a sidra e o calvados. Ambos são feitos à base de maçãs (ou também de peras) plantadas aos montes em toda a província. A sidra, bebida fermentada que lembra a cerveja, geralmente é feita artesanalmente por algumas das dezenas de pequenas caves espalhadas por toda a Normandia e consumida em geral durante toda a refeição. Já o calvados, apelidado carinhosamente pelos locais de "*calva*" (pronuncia-se "calvá"), é feito a partir da destilação da sidra e atinge gradação alcoólica de 40°. Bastante popular na França inteira, é tomado geralmente como aperitivo ou no final das refeições, como um digestivo. Alguns restaurantes tradicio-

nais servem uma pequena dose de calvados durante a refeição para acompanhar um prato mais pesado ou gorduroso. Muitas receitas de pratos regionais são feitas com esse destilado, que também é bastante utilizado para flambar carnes, crepes e tortas. O nome calvados é derivado do nome do departamento onde a bebida é produzida. Desde 1942, a bebida foi classificada como AOC.

A Normandia também é o berço de um dos queijos cremosos mais famosos do mundo, o camembert. Juntando-se a ele, os não tão famosos, mas igualmente deliciosos, livarot, pont-l'évêque e neufchâtel, obtém-se uma seleção de queijos franceses de altíssimo nível. Em qualquer lugar da região é possível encontrar os quatro queijos que são o orgulho dos normandos.

Para saber mais

Marché Bio – www.ot-honfleur.fr/decouvrir-honfleur/les-marches
Restaurant La Mère Poulard, em Mont St-Michel –
    www.merepoulard.com
Restaurant et Hôtel La Chaumière, em Honfleur –
    www.hotel-chaumiere.fr
Restaurant et Hôtel La Ferme Saint Siméon, em Honfleur –
    www.fermesaintsimeon.fr
Restaurant Le Moulin Saint Georges, em Honfleur –
    lemoulinsaintgeorges.honfleur-normandie.com

Provença e Riviera Francesa

A Provença e a Riviera Francesa (para os franceses, Côte d'Azur) evocam o *art de vivre* do sul: sol, ritmo mais tranquilo, sotaque musical e charmoso e saborosos pratos acompanhados de vinho rosé à sombra dos limoeiros em um vilarejo na montanha. Os turistas costumam confundir as duas regiões: a Provença (a palavra vem do latim *"Provincia"*, nome dado pelos romanos quando ocuparam a região – assim chamada por ser a Província Romana por excelência, por ter sido uma das primeiras áreas conquistadas pelos romanos além da península Italiana) inclui parte das Bouches-du-Rhône, o Vaucluse, os Alpes-de-Haute-Provence. Fica mais para o interior do que a Riviera Francesa, que segue a linha costeira e inclui os departamentos do Var e dos Alpes-Maritimes e a parte oriental das

Bouches-du-Rhône. O nome Côte d'Azur foi dado em 1887 pelo escritor e poeta Stéphen Liégeard, por analogia à Côte d'Or (Costa Dourada), nome da região em que nasceu, na Borgonha. Em francês, "*azur*" é uma palavra poética para designar a cor azul, e, para o escritor, significava a cor do mar. A principal cidade da Riviera Francesa é Nice. A costa serviu de balneário invernal à aristocracia britânica e russa e a famílias reais e da classe alta no final do século XIX, e ficou na moda depois da Segunda Guerra Mundial.

A culinária local

Um dito provençal atesta que "o peixe nasce no mar e morre no azeite". Quando se pensa na culinária da Provença, logo vem à mente esse precioso líquido extraído da azeitona, fruto da oliveira, trazida pelos gregos há 2.500 anos, um dos símbolos da região. O azeite substitui a manteiga na cozinha provençal e é o ingrediente principal de diversos pratos e molhos, entre os quais a aïoli, uma espécie de maionese feita com azeite e alho servida como acompanhamento de peixes. Há também a tapenade, uma pasta de azeitonas verdes ou pretas com anchovas, alcaparras e azeite de oliva, geralmente servida como tira-gosto.

Igualmente associadas à região são as ervas usadas para dar mais sabor aos pratos: segurelha (*sarriette*, em francês, ou *poivre d'âne* na língua provençal), tomilho (*thym*, em francês, ou *farigoule*, em provençal), manjericão (*basilic*), sálvia (*sauge*), serpão ou tomilho-silvestre

(*serpolet*), alecrim (*romarin*), estragão (*estragon*), zimbro (*genièvre*), manjerona (*marjolaine*) e sementes de erva-doce (*fenouil*). Todos esses temperos têm papel essencial no sabor dos pratos locais.

Com um litoral extenso, a Provença é rica em peixes e frutos do mar. Um dos pratos mais renomados da culinária local é a bouillabaisse, uma espécie de cozido de peixes sortidos muito popular em Marselha. Um dos melhores locais para apreciá-la é o restaurante L'Epuisette, detentor de uma estrela no Guia Michelin. Não é um prato barato, pois exige pescados de qualidade, e seu preparo pode levar até 48 horas; por isso, é importante pesquisar bem antes de escolher aonde ir, a fim de evitar as armadilhas para turistas. Também se recomenda reservar com antecedência.

O vinho do papa

Já na região de Avignon, aproximadamente 100 quilômetros a noroeste de Marselha, no departamento de Vaucluse, os amantes da boa mesa vão poder conhecer a casa de um dos grandes vinhos da França, Châteauneuf-du-Pape. Esse vilarejo abrigou a residência de verão do papado no século XIV,

quando Clemente V, chefe da Igreja na época, decidiu mudar a sede da instável Roma para Avignon. Lá foi erguido um castelo, hoje em ruínas, e ao seu redor foram plantadas vinhas para a produção de vinho para consumo do próprio papa. O resultado disso pode ser visto e degustado nos dias de hoje. Mesmo depois que o papa deixou o lugar, os produtores de vinho da região mantiveram a qualidade da produção, o que fez da Châteauneuf-du-Pape uma das mais respeitadas AOCs (Apelação de Origem Controlada) atualmente.

São vinhos feitos por até treze variedades de uva, com predominância da uva grenash. Ficam ao menos cinco anos guardados em barrica até serem colocados à venda, mas alguns rótulos podem ser guardados por até vinte anos antes do consumo. A pequena produção colabora para elevar ainda mais o preço das garrafas, que na França custam entre 20 e 80 euros. Alguns exemplares podem facilmente chegar aos quatro dígitos.

Bem próximo de Châteauneuf--du-Pape, a 25 quilômetros ao leste, está Carpentras, cidade que também foi território papal depois de ter passado pelas mãos dos romanos e ter sido rota comercial dos gregos. Sua localização histórica privile-

giada fez dela também um centro gastronômico importante. Todas as sextas-feiras, por exemplo, mais de 350 barracas se aglomeram pelas pequenas ruas, e a cidade vira um mercado a céu aberto onde é possível encontrar deliciosos ingredientes regionais, como mel, pães, queijos, azeitonas, frutas e os famosos *berlingots,* doces típicos com as cores do arco-íris. Durante o inverno, esse mesmo mercado oferece também as famosas trufas. No dia 27 de novembro acontece a animada Fête de Saint-Siffrein, em que mais de mil barracas tomam conta de toda a cidade, acompanhadas de muita música e programas culturais.

A leste de Carpentras fica a montanhosa região de Luberon, conhecida por seus vinhos delicados e refrescantes (AOC Côtes-du-Liberon), principalmente os rosés, e por suas cidades espetaculares, como Gordes, Lourmarin e Ménerbes.

Após visitar todas essas cidades, a última parada obrigatória é Bonnieux. Sua beleza não é comparável à das cidades já citadas, mas um restaurante em especial merece o desvio: La Bastide de Capelongue, com duas estrelas no Guia Michelin, comandado pelo chef Édouard Loubet. Localizado dentro de um luxuoso hotel provençal que faz parte da rede Relais & Châteaux, o elegante restaurante oferece pratos de altíssima qualidade e uma fantástica mesa de queijos.

Pé na areia

Descendo para o sul da França, em direção ao Mediterrâneo, chega-se a Nice, na Riviera Francesa, um dos mais importantes destinos gastronômicos do país. Um exemplo internacionalmente conhecido dessa culinária excepcional é a salada niçoise, em geral interpretada de forma bem livre pelos cozinheiros. A maior parte das receitas usa batata e vagem, mas algumas incluem até arroz.

A receita original é composta de tomate, *fevettes* (pequenas favas), salsão, *cébettes* (cebolinha miúda), pequenas alcachofras, ovos cozidos, anchovas, pimentão verde ou vermelho, azeitonas pretas e azeite, já que a oliveira, assim com as *herbes de provence*, tem papel essencial na culinária da região. As especialidades de Nice mesclam a culinária da Provença e da Ligúria (região do Norte da Itália), como a *pissaladière* (espécie de pizza fria que leva cebolas caramelizadas e anchovas), os *petits farcis* (legumes recheados), a *poutine* (pequenos peixes marinados), a *porchetta* (assado suíno desossado, de origem italiana).

Todos esses quitutes *niçoises* podem ser encontrados no charmoso Marché du Cours Saleya, mercado que fica na parte velha da cidade, bem próximo ao mar. É um programa gostoso para descontrair e para quem quer experimentar e comprar produtos locais, como por exemplo a flor de sal, cristais de sal colhidos delicadamente apenas durante o verão, vendidos em frascos em formato de pipetas com mix de outros ingredientes, como algas, pimentas, trufas e ervas.

Para quem gosta de cozinhar, há cursos de culinária com pratos da Provença. A aula começa no mercado, com a explicação de todos os produtos locais e a aquisição dos ingredientes, e continua na casa da professora, onde são preparados os pratos. Há opção de aulas personalizadas, uma ótima maneira de passear por Nice e conhecer um pouco mais da cozinha local.

Vale a pena também experimentar o que os locais consideram fast-food. O pan bagnat é um sanduíche simples e delicioso, feito com grandes pedaços de atum, alface, cebola, rabanete, tomate e ovos no pão com crosta, regado com o frescor do azeite de oliva local. É fácil encontrar o pan bagnat pela cidade, mas vale a pena procurar estabelecimentos que

Bouillabaisse

O nome dessa caldeirada de peixe vem de dois verbos franceses: *"bouillir"* (ferver) e *"baisser"* (reduzir). O significado é: "ao ferver, reduza o fogo". Esse é o segredo do prato. Originalmente, tratava-se de um prato simples, preparado pelas famílias dos pescadores do Sul da França com o intuito de usar as sobras de peixes que não haviam sido vendidas. No decorrer do tempo, a receita ficou mais elaborada, incorporando peixes "nobres" do Mediterrâneo, tais como a *rascasse* (peixe-escorpião), entre outros.

Como notou Julia Child, o sabor e a textura dependem da ampla variedade e da qualidade do peixe, que deve ser bem fresco. Acrescentam-se até lagostins e siris, junto com cebola, tomate, salsa, açafrão, erva-doce, alho e tomilho. Em geral, a bouillabaisse é servida em dois pratos, um para os peixes, outro para o caldo. Juntam-se então as duas partes, mais alguns croûtons (pedaços de pão fritos ou assados) e uma colher de rouille, um molho cor de ferrugem (*"rouille"* significa "ferrugem") à base de alho, pimentão, azeite, mostarda, açafrão e páprica. A bouillabaisse de Marselha é considerada a mais autêntica de todas as versões.

prezem pela qualidade dos ingredientes, como o La Gratta Snack, bem perto do mar.

Além das belíssimas e agitadas praias próximas de Nice, como Cap-Ferrat e Cannes, há algumas cidadezinhas *mignonnes* ("bonitinhas", como dizem os franceses) que valem uma visita, não apenas pela beleza medieval e as ruas estreitas e charmosas, mas também por sua gastronomia sofisticada, servida em ambientes extremamente agradáveis. É o caso do restaurante La Colombe d'Or, logo na entrada da glamourosa cidadezinha de Saint-Paul de Vence, que foi frequentado por Picasso, Signac, Dufy, Bonnard e Matisse, e do restaurante La Terrasse, do hotel Le Saint Paul (que faz parte da rede Relais & Châteaux), com sua romântica varanda e pratos bem elaborados.

A 40 quilômetros de Saint-Paul de Vence, já bem próximo do mar, entre Nice e Mônaco, a 420 metros de altitude, está Èze Village, um vilarejo minúsculo, onde só se entra a pé e onde se encontram casinhas e lojas excepcionalmente bem cuidadas, que mais parecem cenário de filme. Um bom programa é chegar lá no final da tarde para acompanhar o pôr do sol na varanda do Château de la Chèvre d'Or, e em seguida jantar no estrelado La Chèvre d'Or, o principal restaurante do hotel. Outras duas ótimas opções para comer em Èze são o Château Eza, do hotel de mesmo nome, e Les Ramparts, o segundo restaurante do hotel Château de la Chèvre d'Or.

Se a ideia for conhecer a mais alta gastronomia da região mais refinada dos arredores, o destino é o carro-chefe do grupo do renomado chef Alain Ducasse, o luxuoso Louis XV, em Mônaco. Com mais de duas décadas de existência e localizado no suntuoso Hôtel de Paris, o estabelecimento recebeu três estrelas Michelin apenas 33 meses após sua inauguração.

E para terminar bem o passeio pelas belezas da Riviera Francesa, uma boa sugestão é conhecer Menton, a última parada da costa mediterrânea da França antes de chegar à Itália. Essa simpática cidade litorânea é conhecida por sua Fête du Citron, que acontece todo mês de fevereiro. Carros alegóricos, todos "fantasiados" de limão-siciliano, símbolo da cidade, desfilam pela avenida principal, competindo pelo título de mais criativo e inusitado. A cidade também abriga o restaurante Mirazur, comandado pelo chef argentino Mauro Colagreco. O local tem uma vista impressionante de toda a praia de Menton e foi recentemente laureado com sua segunda estrela Michelin.

Para saber mais

Bistrot de La Marine, em Nice – www.bistrotdelamarine.com
Hôtel et Restaurant Château de la Chèvre d'Or, em Èze Village –
    www.chevredor.com
Hôtel et Restaurant Château Eza, em Èze Village –
    www.chateaueza.com
Hôtel et Restaurant La Colombe d'Or, em Saint-Paul de Vence –
    www.la-colombe-dor.com
Hôtel et Restaurant Le Saint Paul, em Saint-Paul de Vence –
    www.lesaintpaul.com
La Gratta Snack, em Nice – Boulevard Franck Pilatte, 53 –
    tél. 04 93 56 83 51
L'Epuisette, em Marselha – www.l-epuisette.com
Le Louis XV, em Mônaco – www.alain-ducasse.com
Les Remparts, em Èze Village – www.chevredor.com
Les Petits Farcis (aula de culinária em Nice) – www.petitsfarcis.com
Mirazur, em Menton – www.mirazur.fr

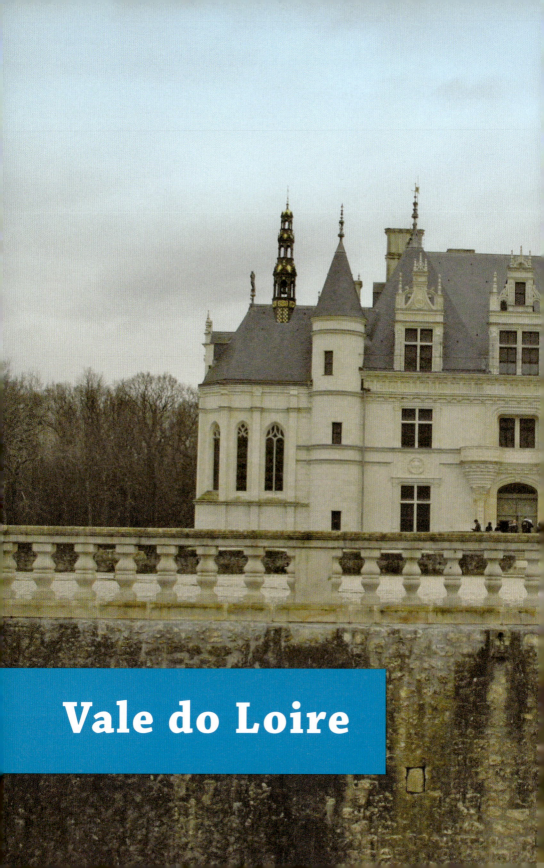

Vale do Loire

O Loire é o mais longo rio da França, com mais de mil quilômetros de extensão. Nasce ao norte da Provença, nas Cevenas (cadeia de montanhas que faz parte do Maciço Central), depois sobe em direção ao norte antes de girar a oeste para desembocar no Atlântico, em Saint-Nazaire. Ele cobre duas regiões: Pays de la Loire e Centro.

Também chamado de Vale do Loire, o Pays de la Loire é Patrimônio Mundial da Unesco desde 2000, na categoria paisagem cultural. É o Vale dos Reis francês, conhecido por seus inúmeros castelos, que, em grande parte, datam do Renascimento. De fato, o auge dessa magnífica região ocorreu nos séculos XV e XVI, época em que os reis da França eram fascinados pela Itália e convidavam artistas como Leonardo da Vinci para trabalhar ali. O grande artista italiano, aliás, morreu em Amboise, em 1519, no pequeno castelo que lhe oferecera o rei Francisco I para que pudesse criar em paz.

O jardim da França

O Vale do Loire é um lugar em que as frutas e os legumes crescem facilmente, graças ao clima temperado. Criam-se muitas aves – frango, capão, peru, galinha-d'angola, pato –, mas também coelho, bezerro e porco, com a carne do qual são fabricados patês e embutidos, como as *rillettes* (feitas de carne suína cozida desfiada e conservada na gordura), os *rillons* (cubos grandes de peito suíno temperados e confitados) e as *andouillettes* (linguiças feitas com miúdos suínos temperados). Ainda que tudo isso pareça muito pesado, o famoso crítico gastronômico Curnonsky considerava a culinária da antiga província de Anjou (que hoje corresponde ao departamento Maine-et-Loire) "o paraíso da digestão tranquila".

De fato, a culinária local não se resume unicamente a frios e embutidos, mas é conhecida pelos pratos de peixes de água doce ou do mar e crustáceos, além das deliciosas sobremesas de frutas. Há também uma grande variedade de queijos de cabra, com destaque para o famoso crottin de Chavignol, e de queijos de leite cru de vaca, como o cendré d'olivet e o curé nantais.

De castelo em castelo

Para aproveitar o que há de melhor na região, seus castelos e sua gastronomia, o ideal é ir atrás de grandes chefs que se estabeleceram em cozinhas de charmosos *châteaux*. Esse é o caso de Rèmy Giraud, do Domaine des Hauts de Loire, que conquistou duas estrelas no Guia Michelin e é também um dos Grand Chefs Relais & Châteaux. Sua cozinha especializada em pratos que mesclam tradição com inovação é também dedicada a pratos de caça e à harmonização de frutas com carnes e peixes. A propriedade, um castelo de caça do século XIX na cidadezinha de Onzain, pertinho de Amboise, é ideal para quem quer relaxar longe da loucura das grandes cidades e se sentir como um membro da realeza.

Não deixe também de experimentar o *gibier* (carne de caça similar ao veado encontrada na floresta de Sologne). Um dos bons lugares para degustar essa iguaria é no Château de Noirieux, no restaurante do chef e proprietário Gérard Côme.

O Vale do Loire é também uma importante rota de vinhos tintos, brancos e rosés. De Luís XI a Francisco I, os reis da França já apreciavam os vinhos da região histórica de Touraine e a extraordinária riqueza de seus diferentes terroirs. Por sua vez, os vinhos de Anjou estão entre os mais notáveis vinhos brancos. Outras denominações importantes são Chinon, Saumur, Vouvray e Sancerre, os dois últimos também especialmente reconhecidos pelos brancos excelentes. Produzidos com diferentes uvas, principalmente chenin, cabernet sauvignon, gamay, sauvignon blanc e pinot noir, os vinhos do Vale do Loire são normalmente caracterizados pelos franceses como vinhos mais leves, com bastante frescor, vivacidade e elegância.

Para saber mais

Restaurant et Hôtel Château de Noirieux, em Briollay – www.chateaudenoirieux.com
Restaurant et Hôtel Domaine des Hauts de Loire, em Onzain – www.domainehautsloire.com

Vale do Ródano

Lyon é a principal atração da região. Localizada à beira do rio Ródano, a 470 quilômetros a sudeste de Paris, a cidade tem rico passado histórico. Durante o Império Romano, foi capital da Gália de 27 a.C. até o fim do século III; mais tarde, no Renascimento, tornou-se centro financeiro e cidade próspera, graças ao comércio de seda e especiarias. No século XIX, Lyon foi um importante centro industrial têxtil e hoje é conhecida por suas atividades nos setores químico e farmacêutico. Até hoje, a cidade preserva seu charme com antigos bairros e ruas estreitas que merecem uma visita.

Filho ilustre

Em 1935, o famoso crítico gastronômico Curnonsky apelidou Lyon de "capital mundial da gastronomia"; até hoje, os franceses a consideram um dos melhores lugares para comer na França, uma vez que apresenta uma das maiores concentrações de restaurantes por habitante.

A cidade é a casa de grandes chefs, mas um merece atenção especial: Paul Bocuse. O papa da alta gastronomia francesa, cuja história já foi contada no começo deste livro, nasceu em Lyon em 1926. Bocuse é reverenciado por toda a região, e seu nome foi utilizado para batizar avenidas, mercados e até um dos mais importantes institutos de ensino de gastronomia e hotelaria do mundo. Um jantar em seu espetacular restaurante, L'Auberge du Pont de Collonges, que mantém três estrelas Michelin desde 1965, é um programa caro, mas indispensável para compreender todo o fascínio que cerca Bocuse.

O lugar tem um quê de parque de diversões, de circo antigo, por causa dos letreiros luminosos e do uniforme da equipe. Com sorte, além das recepcionistas, o comensal encontrará o próprio Bocuse à porta, vestido com seu dólmã impecável. Tudo isso contribui para elevar as expectativas quanto à refeição propriamente dita, e é impossível se decepcionar. A elegância na apresentação dos pratos, a excelente qualidade dos ingredientes e a execução perfeita das receitas faz com que o visitante não queira deixar esse mundo de fantasia nunca mais.

Les bouchons

Mas não é somente da alta cozinha que vive a gastronomia de Lyon. Simplicidade e qualidade são duas características da culinária da cidade. Os frios são feitos principalmente com carne suína, entre os quais se destacam diferentes tipos de saucissons, como rosette e jésus (embutidos que lembram o salame brasileiro), o saucisson cru fervido em água ou

ainda o saucisson brioché, que é envolto em massa de brioche e assado no forno. Mas a imaginação dos lioneses é infinita quando se trata de criar frios originais com sabores incríveis; vale a pena provar todos sem fazer muitas perguntas, apenas degustando tudo o que eles têm a oferecer.

Lyon também é a terra dos bouchons, restaurantes simples que oferecem comida de qualidade, servida em porções generosas e acompanhada de vinhos da região. Há diversos estabelecimentos desse tipo espalhados pela cidade, e muitos acabam sendo armadilhas para turistas desavisados, por isso é importante procurar a plaquinha da associação lionesa de bouchons, que certifica que o lugar segue as regras tradicionais e mantém a qualidade exigida.

Um bom exemplo de bouchon de qualidade a ser visitado em Lyon é o Daniel et Denise. Em uma casinha de esquina charmosa, o estabelecimento, decorado com toalhas quadriculadas em vermelho e branco (outra característica dos bouchons de Lyon), serve pratos substanciosos e muito saborosos. Um ótimo jeito de iniciar a refeição é pelo pâté en croûte, especialidade regional feita de carne de porco e foie gras envoltos em gelatina de consommé (caldo de carne claro e límpido) dentro de uma crosta de pão; o prato ganhou o prêmio de melhor pâté en croûte do mundo em 2009. Outra boa pedida é a salada de ervilhas, tomates confitados e parmesão, seguida pelo filé de bacalhau grelhado "à la fleur de Macis", e a ultrassaborosa paleta de cordeiro confitada em ervas.

A gastronomia de Lyon também é bastante privilegiada pela proximidade de outras regiões gastronômicas. Um pouco ao sul de Borgonha e da Alsácia, ao lado dos Alpes e acima da Provença, a cidade consegue unir alguns dos melhores ingredientes da França e desenvolver uma cozinha própria com esplendor.

As carnes

Da região de Bresse, a cerca de 100 quilômetros de distância, Lyon recebe o famoso poulet de Bresse, conhecido como um dos frangos mais saborosos do mundo graças ao controle de produção feito pelo governo francês, que lhe atribuiu o selo AOC (Appellation d'Origine Contrôlée) em 1957. Os produtores dessa iguaria são obrigados a seguir regras rigorosas, como alimentar as aves com ração sem componentes químicos, não usar hormônios e restringir a criação às terras demarcadas pela AOC. Esses

cuidados, somados à qualidade superior dessa raça, garantem às aves um sabor único. Alguns produtores fazem questão de cozinhar o frango em seu próprio suco, sem outros ingredientes, para que seja possível preservar o sabor delicado e a incrível maciez da carne.

O frango de Bresse, verdadeira maravilha encontrada em diversos restaurantes da região, pode ser preparado seguindo a clássica receita de Mère Fillioux: poularde demi-deuil, com pedaços de trufa postos debaixo da pele do frango, servido com tenros legumes, como alho-poró, cenoura e nabo. Outra preparação é o poulet Célestine, dourado com cogumelos e tomates, flambado no conhaque e cozido no vinho branco antes de ser temperado com alho e salsa. O frango ainda pode ser cozido com morilles, uma espécie de cogumelo muito saborosa, ou com lagostim.

A carne de vaca de ótima qualidade vem do Charolais, uma sub-região entre Lyon e Dijon, bem próxima a Bresse, e costuma ser preparada com molho à base de cebolas e vinho tinto. O gratin dauphinois, conhecido na França inteira, é um prato caseiro à base de batatas, perfeito para acompanhar carnes. O foie de veau à la lyonnaise também é uma das mais famosas especialidades de Lyon. Nesse prato, a fatia de fígado de vitela é enfarinhada antes de ser cozida, e o vinho e o vinagre servem de base ao molho engrossado com manteiga.

Os vinhos

As regiões de Beaujolais e de Côte du Rhône ficam a menos de 50 quilômetros de Lyon e oferecem vinhos que, apesar de menos celebrados que os da Borgonha e de Bordeaux, podem ser de excelente qualidade; em geral, são mais leves e têm preços mais acessíveis. Beaujolais, por exemplo, sofre bastante pela fama de má qualidade de um de seus tipos de vinhos, o beaujolais nouveau, mas é importante entender um pouco da região para não deixar passar os vinhos maravilhosos que ela oferece.

A região vinícola de Beaujolais é dividida basicamente em três sub-regiões (Crus de Beaujolais, Beaujolais Villages e Beaujolais), que, pela exposição ao sol, qualidade de terra e altitude, oferecem vinhos de características completamente diferentes, mesmo que os produtores sejam obrigados a utilizar o mesmo tipo de uva: a gamay para os tintos e a chardonnay para os brancos.

A maior dessas sub-regiões é chamada de Beaujolais, onde é produzido o protagonista do conhecido festival do beaujolais nouveau. Todos os anos, na terceira quinta-feira de novembro, um vinho produzido a partir de uvas colhidas apenas algumas semanas antes é oferecido ao público em meio a festas, danças e fogos de artifício, que celebram o primeiro vinho da temporada. Nessa ocasião, vinhos da última safra – e portanto com

pouquíssimo tempo de fermentação – são colocados à venda a preços bastante baixos. Por se tratar de um vinho pouco trabalhado, ou seja, que não passou por envelhecimento em barricas, por exemplo, é visto como uma bebida de baixa qualidade, mas a verdade é que esse vinho fresco e frutado agrada a todos os tipos de paladar.

Beaujolais-Villages, por sua vez, é uma sub-região mais favorecida pela sua localização geográfica e produz vinhos de uma qualidade superior, mas é em pequenos lotes de terra, espalhados pelo vale do rio Ródano, que se encontram as cidadezinhas que produzem excelentes grands crus. Vinhedos em Moulin-à-Vent, Fleurie e Morgon oferecem degustação de primeira qualidade, inclusive o rótulo que recebeu 95 pontos na avaliação de Robert Parker, o renomado especialista – um recorde para um vinho de Beaujolais. Outros grands crus que valem a visita são Brouilly, Côte de Brouilly, Chénas, Juliénas, Chiroubles, Régnié e Saint-Amour.

Para finalizar

Lyon também é lugar de queijos renomados e muito apreciados por toda a França, principalmente pela leveza e pela cremosidade. Os dois principais queijos macios feitos com leite de vaca são o saint-marcellin e o saint-félicien; o rigotte de Condrieu se destaca entre os queijos feitos com leite de cabra. E também é imprescindível provar o incrível cervelle de canuts ("canuts" são as pessoas que tecem a seda), um fromage blanc (queijo macio e suave) temperado com cebolas, ervas finas, alho, vinagre e azeite, geralmente servido com frios ou batatas quentes ou sozinho. Uma sobremesa bem local e simples, mas de dar água na boca, é a tarte aux pralines roses (torta de amêndoas confeitadas em açúcar cor-de-rosa).

Para terminar a viagem, é imprescindível conhecer o mercado Les Halles Paul Bocuse, no centro de Lyon, onde o viajante encontra uma enorme variedade de barraquinhas bem-arrumadas que oferecem todo tipo de comidas e bebidas da região e de outras partes da França também. É possível fazer uma degustação de queijos na Fromagerie Mons, tomar vinhos em taça em um dos bares com balcão ou ainda degustar ostras fresquíssimas acompanhadas de um vinho branco das redondezas. Programa imperdível para os gourmets em viagem.

Para saber mais

Fromagerie Mons Lyon, em Lyon –
lyon@mons-fromagerie.fr
Restaurant Daniel et Denise, em Lyon – www.daniel-et-denise.fr
Restaurant Paul Bocuse, em Lyon – www.bocuse.fr

restaurantes em
paris

Depois de rodar pela França inteira, que melhor jeito de encerrar uma viagem do que na capital do país, Paris, o centro da gastronomia mundial?

Para os amantes da alta gastronomia francesa, Paris é a cidade perfeita. São dezenas de estabelecimentos comandados por chefs celebrados, que estão à frente de grandes equipes de cozinheiros e que prezam principalmente a excelência na execução das receitas e na apresentação de tudo o que chega à mesa dos comensais. São restaurantes muitas vezes estrelados, dentro de grandes hotéis, e que não economizam em oferecer ao cliente uma experiência única.

Aqui estão reunidas algumas dicas de restaurantes dos mais variados tipos, separados por bairro, acompanhadas de comentários dos autores, para estimular o viajante a se perder e se descobrir em meio aos deliciosos sabores da França.

1er arrondissement

Le Castiglione

Bistrô. Chique, frequentado pelos bacanas do luxuoso 1er arrondissement, vizinho da bolsa de valores e de lojas de grandes marcas. Clima bastante descontraído, comida boa e serviço atencioso. *www.lecastiglione.com*

Flottes

Brasserie. Num espaço bem amplo, meio kitsch, esse café/brasserie, frequentado por personalidades da moda e do business de Paris, é uma ótima parada para quem está passeando pelas ruas comerciais do 1er arrondissement ou pelo Jardin des Tuileries. No inverno oferece uma das melhores sopas de cebola da cidade, e durante o ano todo você pode se deliciar com o steak tartar, o hambúrguer com foie gras ou o filet mignon ao molho béarnaise (muito bom!). *www.brasserie-flottes.com*

Sur Mesure par Thierry Marx

Alta gastronomia. Do midiático chef Thierry Marx, jurado do programa de TV *Top Chef*, Sur Mesure par Thierry Marx, restaurante principal do hotel Mandarin Oriental Paris, vai fundo na culinária molecular, oferecendo pratos extremamente bem preparados em um ambiente de *design clean* e serviço impecável. *www.mandarinoriental.com/paris/fine-dining/sur-mesure-par-thierry-marx*

Camélia

Contemporâneo. Também no hotel Mandarin Oriental, e também comandado pelo chef Thierry Marx, o Camélia fica em um ambiente mais relaxado, de frente para a varanda interna do hotel, e oferece pratos de qualidade, com toques asiáticos e a preço bem mais acessível que seu irmão mais velho, o Sur Mesure. *www.mandarinoriental.com/paris/fine-dining/sur-mesure-par-thierry-marx*

2ème arrondissement

Aux Lyonnais

Bistrô. Exemplar clássico de Alain Ducasse, com serviço formal e garçons experientes. Comida bem elaborada. Ambiente mais sério que o da maioria dos bistrôs. *www.auxlyonnais.com*

3ème arrondissement

Café Charlot

Bistrô. O Charlot é considerado um bistrô, mas na verdade esse charmosíssimo café parisiense fica aberto o dia inteiro e oferece tanto pratos da cozinha *bistronomique* como também um ótimo brunch e boas opções para qualquer hora do dia, como o croque monsieur e o croque madame, cheeseburger (incrível) e saladas mais leves. Localizado no Haut Marais (região do Marais mais residencial e menos turística), esse café de esquina é frequentado por gente de várias tribos. *www.cafecharlotparis.com*

Ambassade d'Auvergne

Auvergne. Se a pedida for conhecer o interior da França através da sua gastronomia, vá à embaixada da cozinha da região de Auvergne. E lá não deixe de comer o simples e saboroso aligot (purê de batata com queijo derretido, servido inclusive no DOM do Alex Atala, em São Paulo), as salsichas típicas, e termine com os incríveis queijos de Laguiole ou com um bleu d'Auvergne. *www.ambassade-auvergne.com*

4ème arrondissement

Chez Janou

Bistrô. Se desejar ir a um lugar movimentado, com boa comida e preço justo, esta é uma boa opção. No coração do Marais, num espaço bem amplo cuja decoração despojada lembra os bistrôs da Provença, o Chez Janou é perfeito para quem quer sentir um pouco a animação parisiense. Mas prepare-se para esperar no bar apertado. Mesmo tendo feito reserva antes, às vezes ainda é preciso esperar uma hora. Uma boa saída é ir na hora do almoço, que é mais tranquila. *www.chezjanou.com*

Petit Marché
Bistrô. Dos mesmos donos do Chez Janou, este bistrô, bem mais calmo e certinho que o irmão mais velho, tem um menu que mistura o clássico com um toque moderno, como o steak tartar levemente selado com gergelim e coentro, e a salade chinoise, bem temperada.

Benoit
Bistrô. Do grupo de Alain Ducasse, este bistrô elegante fica em uma esquina gostosa no meio do bairro do Marais. O cardápio oferece pratos clássicos franceses cuidadosamente preparados, o ambiente é charmoso, e o serviço é sério e profissional. Esse é um dos poucos bistrôs de Paris que foram destacados com uma estrela Michelin. O preço é mais salgado que o da média dos bistrôs, mas a experiência sem dúvida compensa. *www.benoit-paris.com*

Brasserie Bofinger
Brasserie. Ao lado da Place de la Bastille, num ambiente amplo e elegante, com sua decoração *belle époque* e sua deslumbrante cúpula de vidro, a mais antiga e mais bela brasserie de Paris oferece um grande número de pratos tradicionais da cozinha francesa de inspiração alsaciana, servidos por garçons sérios, com suas gravatinhas-borboleta e jalecos brancos. Um bom lugar para conhecer a cultura francesa da boa mesa. *www.bofingerparis.com*

Le Petit Bofinger
Brasserie. Do outro lado da rua, este anexo da Brasserie Bofinger, com um terço do tamanho e um ambiente mais aconchegante, oferece uma carta parecida, porém reduzida, e uma boa relação custo-benefício. *www.bofingerparis.com*

Ze Kitchen Gallerie

Contemporâneo. Para quem é fã da cozinha francesa com sotaque do Sudeste asiático, este é um endereço imperdível em Saint--Germain-des-Prés. Com uma estrela Michelin, o chef William Ledeuil é um craque da cozinha, que mistura à perfeição pratos locais típicos, como magret de canard, foie gras e ris de veau, com temperos e sabores do sudeste asiático. *www.zekitchengalerie.fr*

La Cidrerie du Marais

Bretanha. Ótimos crepes e galettes (crepes salgados) em um pequeno e bem decorado ambiente no coração do Marais. Ótima opção para quem quer algo mais leve durante um passeio pelo bairro.

5ème arrondissement

Chez René

Bistrô. Um ambiente mais sóbrio, bastante organizado e com toalhas de mesa, este bistrô está localizado entre o Marais e Saint-Germain-des-Prés, bem perto do Quartier Latin. Lá você encontrará os clássicos steak tartar, boeuf bourguignon (meu preferido), pot-au-feu (espécie de ensopado de frango muito bem temperado) e os sempre esperados escargots. Para quem quiser fugir do óbvio, pode ser uma boa opção. Experimente, por exemplo, as perninhas de rã.

Brasserie Balzar

Brasserie. Bem localizada na histórica Rue des Écoles, pertinho de universidades como a Sourbornne, esta brasserie parece ser palco para os antigos alunos da região que volta e meia passam por lá para reencontrar colegas e lembrar os velhos tempos. É nesse clima que você vai almoçar ou jantar, servido por garçons que parecem estar lá há cem anos! Como Monsieur Moustache, por exemplo, o simpático maître que ostenta um bigode de personagem de filme. Não há como errar: peça qualquer um dos pratos clássicos e tome um dos ótimos vinhos da carta. *www.brasseriebalzar.com*

Dans les Landes

País Basco. Restaurante de tapas com clima jovial, do jovem chef Julien Duboué, frequentado pela vizinhança do animado Quartier Latin. Um dos melhores lugares para comer iguarias típicas do Sudoeste francês. Dicas: cou de canard (pescoço de pato), nems de canard (rolinhos de pato) e todas as outras tapas de foie gras, a especialidade da casa e da região de Landes. *www.dansleslandesmaisaparis.com*

6ème arrondissement

Le Comptoir du Relais

Bistrô. Um clássico dos bistrôs de Paris, com uma localização mais do que privilegiada, no coração de Saint-Germain-des-Prés. Lá se come incrivelmente bem, tanto pratos leves quanto os peixes do dia, como os ótimos pied de cochon (pé de porco) e faux filet au vin rouge (lombo ao molho de vinho tinto). De entrada, não deixe de provar o oeuf mollet (ovo quente) sobre uma cama de foie gras e café! Vá com tempo, pois em geral há fila. Uma boa saída é ir mais tarde, pois o serviço não para entre almoço e jantar. Outra boa opção é esperar no vizinho, o L'Avant-Comptoir, do mesmo dono, justamente projetado para aqueles que querem aguardar uma mesa no Le Comptoir tomando um bom aperitivo. *www.hotel-paris-relais-saint-germain.com*

Le Petit Vatel

Bistrô. Restaurante muito pequeno mas um grande achado, este minibistrô de apenas cinco mesas, atrás do Marché Saint-Germain, oferece poucas e boas opções da cozinha de bistrô, como o confit de paleta de cordeiro, o frango temperado com limões confitados ou uma cocotte de boeuf à la bière. De entrada, experimente o brick de boudin noir (pastelzinho da Tunísia recheado com morcela) ou as rillettes de maquereau (cavala, peixe que lembra a sardinha). *www.petitvatel.com*

Huîtrerie Régis

Ostras. Ao lado do Teatro Odéon, em Saint-Germain-des--Prés, com apenas seis mesinhas, este pequeno e simpático estabelecimento, tocado pelo próprio dono e mais um funcionário, oferece ostras e camarões fresquíssimos para serem apreciados com uma boa taça de champanhe, vinho branco ou rosé. Não se aceitam reservas, então o jeito é ligar para ver se há mesa livre e chegar rapidinho. Senão, esperar um pouco resolve, já que o giro é relativamente rápido. *www.huitrerieregis.com*

L'Atelier de Joël Robuchon

Contemporâneo. Um dos poucos chefs renomados que conseguiu criar um império de restaurantes pelo mundo sem perder a qualidade de seus produtos e serviços. L'Atelier de Joël Robuchon, que tem dois endereços em Paris – e outros em grandes cidades como Londres, Hong Kong, Cingapura, Las Vegas e Nova York –, oferece uma carta muito criativa num ambiente especial, onde o mais bacana é sentar no balcão que fica em volta da cozinha moderna e de design. *www.atelier-robuchon-saint-germain.com*

La Compagnie de Bretagne

Bretanha. Crepes tradicionais e modernos, acompanhados de sidras de ótimos produtores num ambiente chique no Quartier Latin. Um dos raros restaurantes de crepes em um ambiente mais formal. *www.facebook.com/LaCompagnieDeBretagne*

7ème arrondissement

Café Constant

Bistrô. Mais um da badalada Rue Saint-Dominique. Vizinho dos irmãos mais velhos, Les Cocottes e Le Violon d'Ingres (uma estrela Michelin), todos de propriedade do midiático chef Christian Constant, este bistrô de esquina é uma ótima opção para quem está à procura de pratos simples, mas muito bem-feitos, a um preço bastante razoável, num ambiente descontraído e num bairro mais do que agradável, bem do lado da Tour Eiffel e perto do Palais National des Invalides. Não se aceitam reservas, então o jeito é chegar cedo ou esperar um pouco na calçada, porque o giro é rápido. *www.maisonconstant.com/cafe-constant/*

La Fontaine de Mars

Bistrô. Este bistrô elegante fica ao lado de uma simpática fonte na badalada Rue Saint-Dominique, no bairro aristocrático do 7ème arrondissement. O serviço é extremamente profissional. Pratos de tradição como a andouillette (linguiça de miúdos) e o boudin (chouriço de sangue) estão no cardápio ao lado de pratos mais leves, como os escargots e a sole meunière, todos muito bem-feitos. *www.fontainedemars.com*

L'Arpège

Alta gastronomia. Para os amantes da cozinha sofisticada que prioriza legumes e vegetais de primeira qualidade, este restaurante três-estrelas Michelin é imperdível. Muito prestigiado na França, o chef Alain Passard é sempre lembrado como o poeta revolucionário que elevou os legumes da categoria de acompanhamentos à de protagonistas. E ele faz isso com a paixão de quem cuida pessoalmente de toda a produção de seus ingredientes, das próprias hortas à perfeita execução na cozinha do charmoso endereço. *www.alain-passard.com*

9ème arrondissement

Bouillon Chartier

Bistrô. Uma lenda de Paris. Aparência de uma grande brasserie e cardápio de um típico bistrô, com um dos melhores preços da cidade. Frequentado por todas as tribos e muito divulgado em todos os guias locais e internacionais (por isso bastante turístico também), o Bouillon Chartier é uma enorme casa muito popular, por servir pratos clássicos franceses a preços mais do que acessíveis. É possível comer entrada, prato e sobremesa por 20 euros! A comida é gostosa, mas nada do outro mundo. A casa abre 365 dias por ano e não fecha entre almoço e jantar. Não aceita reserva e geralmente está cheia, mas o giro é rápido e a fila anda depressa. É um bom programa para quem quer curtir um ambiente bem francês sem gastar muito. *www.bouillon-chartier.com*

11ème arrondissement

Le Bistrot Paul Bert
Bistrô. Quando se trata do típico bistrô parisiense, o Paul Bert é referência. Num bairro bem gostoso, um pouco afastado das áreas mais óbvias da cidade, a casa oferece um ótimo steak tartar e uma esplêndida terrine de foie gras, além de uma excepcional poitrine de porc (barriga de porco grelhada) e de uma espécie de hambúrguer de boudin noir (morcela). Há também uma galinha-d'angola incrível, muito bem acompanhada com seu próprio molho e batatinhas assadas bem coradas, salpicadas de salsinha. Os amantes de pâtisserie podem se deliciar com o crème brûlée ou com um macaron tão grande que mais lembra um hambúrguer.

Le Chateubriand
Contemporâneo. Este quentíssimo point de Paris tem lugar garantido na concorrida lista dos 50 Best Restaurants of the World da San Pellegrino. Uma mistura de bistrô com alta gastronomia, esse restaurante do chef basco Iñaki Aizpitarte oferece um cardápio único por 50 euros que inclui uma entrada, um prato e uma sobremesa. É difícil fazer reserva, então é melhor se programar ou fazer fila para um segundo serviço a partir das 21h. *www.lechateaubriand.net*

Le Dauphin
Contemporâneo. Do mesmo dono do Le Chateubriand, e a poucos metros de distância, o Le Dauphin explora as tradicionais tapas da região basca francesa. Esquema mais despojado, com mesas e bancos altos, é um bom programa para quem quer comer bem no 11ème arrondissement. Também é uma boa alternativa caso não tenha conseguido mesa no irmão mais velho. *www.restaurantledauphin.net*

RESTAURANTES EM PARIS

14ème arrondissement

La Régalade

Bistrô. Pequeno, meio escondido num bairro mais afastado do centro. Serviço descontraído e um pouco estressado, comida de primeira e preço justo. Isso tudo num ambiente daqueles que vemos em bistrôs de filme.

Closerie des Lilas

Brasserie. Clássico dos clássicos dos cafés parisienses, esta espaçosa brasserie de Montparnasse foi frequentada por grandes nomes da Revolução Francesa, bem como por artistas e intelectuais importantes. Hemingway, Ella Fitzgerald, Jean-Paul Sartre e Picasso são alguns dos grandes nomes que usavam esse imponente e clássico espaço para suas atividades sociais. O cardápio é extenso e agrada a todos os gostos. Comece no bar com aperitivos regados a ostras. Como prato, peça jarret de porco confitado ou steak tartare façon et frites maison. *www.closeriedeslilas.fr*

15ème arrondissement

Afaria

País Basco. Este simpático restaurante basco de bairro tem pratos pesados, típicos da região basca, mas com opções de altíssima qualidade criadas por Julien Duboué, um dos chefs em ascensão no cenário da gastronomia francesa. Vale o programa. *www.restaurant-afaria.fr*

16ème arrondissement

Huitrerie do Marché de Passy

Ostras. Passear por este mercado charmoso no pomposo bairro de Passy já é um programa bacana. Termine o passeio na barraca das ostras e sente em um dos seis únicos bancos em volta de uma pequena mesa improvisada, onde também lhe servirão uma taça de champanhe ou vinho branco. As lagostas também podem ser degustadas no local, mas é melhor reservar.

17ème arrondissement

Le Relais de Venise – L'Entrecôte

Entrecôte. O patriarca de todos os restaurantes da fórmula de prato único de entrecôte, fritas e salada, o Relais de Venise é um programa à parte para fazer em Paris. Esse charmoso restaurante ainda é comandado por uma das filhas do lendário fundador, Paul Gineste de Saurs. O esquema é chegar cedo para não precisar ficar esperando em pé na fila do lado de fora! Boa parte dos outros restaurantes de entrecôte de Paris (e do mundo também) são filhotes desse, seja por serem comandados por outros familiares ou por serem seus licenciados. *www.relaisdevenise.com*

19ème arrondissement

Le Baratin

Bistrô. Este tão falado bistrô surpreende pela simplicidade. No alto de Belleville, bairro afastado do centro de Paris, onde há poucos estabelecimentos conhecidos, você vai encontrar um bistrô familiar, de um casal formado por uma argentina e um francês, que oferece cinco opções de pratos, sempre muito bem-feitos. Os pratos, não muito leves mas de altíssima qualidade, e o clima tranquilo, somado ao preço mais do que justo, fazem valer a viagem.